Uwe Schubert

Wandsbek

Marienthal

Eilbek

im Wandel

in alten und neuen Bildern

Medien-Verlag Schubert

Titelseite: Wandsbeker Markt um 1930.
Rückseite: Wandsbeker Markt in den 80er Jahren.
Karte S.4: Wandsbek um 1928

Gewidmet Judith in aufrichtiger Dankbarkeit,
die immer half bei meinen Büchern

ISBN 3-9802319-1-7

© 1990 by Medien-Verlag Schubert, Hamburg

Satz: Medien-Verlag Schubert
Druck: Gustav A.Schmidt
Printed in Germany

Inhaltsverzeichnis

Einleitung

Wandsbek entwickelte sich nicht allmählich vom verträumten stormarnschen Bauerndorf zu einem Hamburger Stadtteil, wie es bei vielen um die einstige Hammaburg gelegenen Dörfern, die im Lauf der Geschichte sich zu einem Stadtteil entwickelten, der Fall war.

Das einstige Gutsdorf Wandsbek mit Herrensitz verdankt seine frühe Entwicklung zur Stadt nicht zuletzt den Gutsbesitzern, die in politischer und wirtschaftlicher Hinsicht z.T. europaweiten Einfluß besaßen.

Namen wie Graf Rantzau und Freiherr von Schimmelmann haben landesgeschichtliche Bedeutung und hatten entsprechenden Einfluß auf Wandsbeks Entwicklung.

Die historisch-landespolitischen Einflüsse auf das Dorf, die Stadt und den späteren Stadtteil Wandsbek darzustellen, versucht das Kapitel *»Wandsbek in den Wirren der Geschichte«*.. Kursiv hervorgehobene Begriffe sind in den meisten gängigen und guten Geschichtsbüchern und Nachschlagewerken auffindbar.

So kann der interessierte Leser die Geschichte Wandsbeks im Zusammenhang mit weltgeschichtlich bedeutsamen Ereignissen über den Rahmen dieses Buches hinaus verfolgen, was zu einem übergreifenden Verständnis der Entwicklung führen möge.

Die fotografischen Gegenüberstellungen im Kapitel *»Veränderungen im Ortsbild und Wohnbereich«* sprechen meist für sich. Dabei beginnen wir in Wandsbek-Gartenstadt und wandern von Osten über Marienthaler Gebiet in Richtung Hamburg-Innenstadt.

Mit jedem moderneren Stadtplan Hamburgs läßt sich die Tour nachvollziehen und eine Vorstellung gewinnen von den örtlichen Veränderungen - nicht nur für »alte Hasen«.

Um Vergangenes der Gegenwart in Wort und Bild gegenüberzustellen, wurde nach Möglichkeit der gleiche Blickwinkel bei der Gegenüberstellung der heutigen Fotos zu den historischen gewählt. Nur bei aus heutiger Sicht uninteressanten Perspektiven beschönigten wir etwas und nicht alle Themen bzw. Motive ließen eine Gegenüberstellung als sinnvoll erscheinen.

Hamburg, im September 1990

Uwe Schubert

Wandsbek in den Wirren der Geschichte - von der Urzeit ins 20. Jahrhundert

Geologisches und Morphologisches

In der Zeitspanne vor 70 bis 11 Millionen Jahren, dem Tertiär, bilden sich im tieferen Untergrund Wandsbeks Ablagerungen: die Oberen und Unteren Braunkohlesande - jeweils etwa hundert Meter mächtige Sandschichten, die von großen Flußsystemen in Küstennähe abgelagert werden.

Das Tertiär wird volkstümlich auch als »Braunkohlezeit« bezeichnet. In dieser Zeit entstehen z.B. die großen Braunkohlevorkommen des Rheinlandes. Auch die tertiären Sande im Untergrund Hamburgs enthalten Braunkohle - allerdings nur in geringen Mengen. Die aus zahlreichen Bohrungen bekannten Flöze sind selten über 2 Meter mächtig und damit nicht abbauwürdig. Doch die Sandschichten enthalten einen anderen wichtigen Rohstoff: Wasser. In Wandsbek wird das Süßwasser aus den Oberen und Unteren Braunkohlesanden von verschiedenen Industriebetrieben genutzt.

Die Braunkohlesande werden vom sogenannten Glimmerton überlagert, einem 10 Millionen Jahre alten schwarzen Meereston, der nicht selten die Kalkschalen von Muscheln und Schnecken sowie Haifischzähne enthält.

Die heutige Oberflächengestalt Norddeutschlands ist durch die Eiszeit geprägt worden. Aus der Tiefseeforschung weiß man heute, daß das Eiszeitalter bereits vor etwa 2 Millionen Jahren begonnen hat. Aus dieser Zeit gibt es in Norddeutschland jedoch keine Ablagerungen. Die ältesten eiszeitlichen Schichten in Wandsbek sind nur etwa 400.000 Jahre alt.

Die *Elster-Eiszeit* ist die älteste Vergletscherung, die bisher in Norddeutschland nachgewiesen wurde. In ihr stoßen die Gletscher von Skandinavien bis an den Rand der Mittelgebirge vor. Sie lassen Lehm (Grundmoräne) und Sand (Schmelzwasserablagerungen) in Hamburg zurück.

In der darauf folgenden Warmzeit, der *Holstein-Warmzeit*, dringt das Meer zum letzten Mal weit ins Binnenland vor. Man kann davon ausgehen, daß in dieser Zeit ganz Hamburg überflutet wird, obwohl die Ablagerungen dieses Meeres nur in einigen tieferen Rinnen erhalten geblieben sind.

Die Ablagerungen der *Saale-Eiszeit* liegen in Wandsbek überall an der Geländeoberfläche. In ihrer Zusammensetzung ähneln sie den Schichten, die die Elster-Eiszeit hinterlassen hat.

Während der Saale-Eiszeit stoßen - abgesehen von kleineren Schwankungen des Eisrandes - mindestens zwei große Gletscher vor nach Norddeutschland, deren älterer erneut bis an den Rand der Mittelgebirge reicht, während der jüngere im Hamburger Raum liegenbleibt.

In Wandsbek sind die Grundmoränen dieser beiden Vorstöße besonders gut zu unterscheiden, da sie durch die etwa 10 Meter mächtigen sogenannten »Wandsbeker Sande« voneinander getrennt sind. Die folgende Eem-Warmzeit ähnelt unserer heutigen Warmzeit. Wandsbek ist - wie ganz Norddeutschland - bewaldet, das Klima sogar etwas wärmer als heute.

In der letzten, der *Weichseleiszeit*, wird Wandsbek nicht mehr vom Eis erreicht. Vor 18.000 Jahren: Der äußere Eisrand liegt knapp nördlich des heutigen Rahlstedter Bahnhofes, und von dort fließen durch das Wandse-Tal große Schmelzwassermassen in Richtung Alster und Elbe-Urstromtal ab.

Der obere Teil des Wandse-Tales im Bereich Höltigbaum ist damals als sogenanntes »Tunneltal« unter dem Eis gebildet worden.

In der sogenannten »Nacheiszeit«, dem *Holozän*, schmelzen die Reste der eiszeitlichen Gletscher rasch ab, und viele Pflanzen, deren Verbreitungsgebiete sich unter dem Einfluß des kaltzeitlichen Klimas auf wärmere, südlichere Regionen begrenzt hatten, kehren allmählich nach Norddeutschland zurück.

Erste menschliche Spuren - Wandsbeks Gegenwart
Jäger und Sammler leben in der sogenannten *Mittleren Steinzeit* (8000-3000 v.Chr.) auf Wandsbeker Gebiet, worauf Pfeilspitzenfunde und andere Steinwerkzeug- bzw. -waffenfunde hinweisen.

Erste Spuren menschlicher Besiedlung finden sich in der Nähe der Wandse bei der Nordmarkstraße. Sie stammen aus der Zeit um 2000 v. Chr. - also aus der *Jungsteinzeit*. Typische Funde sind Scherbennester, Urnen, Leichenbrandreste und Feuersteine. Diese erste Ansiedlung können allerdings auch Hinschenfelde und Tonndorf als ihr Urdorf beanspruchen.

Bronzezeitliche Hügelgräber (1800-800 v.Chr.) zwischen der Ahrensburger Straße und der Jenfelder Straße, nördlich und südlich der Bahnlinie, sind weitere Relikte menschlicher Besiedlung, genauso wie Funde von Tongefäßen und Schalen an der Kreuzung Jüthorn-/Rennbahnstraße aus der *Eisenzeit* (800 v.Chr.-800n.Chr.). Auf ein sächsisches Dorf lassen Funde an der Rahlau, wo die Straße Rahlau den gleichnamigen Fluß kreuzt, schließen.

Erstmals namentlich erwähnt wird Wandsbek in einer kirchlichen Urkunde aus dem Jahr 1296. Zuvor muß es - dem Stormarnland zugehörig - von *Sachsen* unter *Karl dem Großen* bevölkert gewesen sein. Dieser errichtet 810 zur Sicherung des Landes auch gegen die *Wenden* (slawische Abotriten) die »Hammaburg« und gliedert *Nordelbingen* bis zur Eider dem *Frankenreich* an. Der Weg wird damit frei zur *Christianisierung* der nordischen Völker durch *Ansgar* von Hamburg aus (831). Hamburgs Zerstörung durch die *dänischen Wikinger* (845) und die *Christenverfolgung* unter dem *Wendenfürsten Gottschalk* (1029-32) berühren sicherlich auch Stormarn und damit Wandsbek.

Die Wirren der *Völkerwanderung* mit ihren erbitterten Kämpfen zwischen nach Westen vordringenden *slawischen Völkern* und *Sachsen* enden mit dem Erscheinen *Heinrichs des Löwen* (1139-81). 1162 besiegen und vertreiben die Stormarner bzw. Holsten die Slawen.

Das erste Dokument, in dem Wandsbek schließlich genannt wird, ist eine *Stiftungsurkunde*. Darin werden auch vier längst untergegangene Dörfer erwähnt: Smachthagen, Rokesberghe,

Engenhusen und Haldesdorpe. Nur ihre Straßennamen erinnern noch an die Ortschaften. Wandsbek heißt hier noch »Wantesbeke«. Eine Deutung führt die Namensherkunft auf einen Bach (Bek) des Wanto (Gründer des Dorfes) zurück. Die plausiblere Deutung führt den Namen auf den Grenzbach (Wand=Grenze) zurück.

Die durch Kämpfe verwüsteten Dörfer werden ab 1111, unter der Landesherrschaft der *Grafen von Schauenburg* stehend, wieder neu angelegt. Die Bauern werden zu Abgaben ihres Kleinzehnten (auf das lebende Vieh) und Großzehnten (auf die Kornernte) in Form einer Geldabgabe an das *Zisterzienser Nonnenkloster* Frauenthal verpflichtet. Das Kloster lag ursprünglich beim Dorf Herwardeshude in der Nähe von Altona und wurde 1295 an die Alster verlegt (daher der Name des Stadtteiles Harvestehude).

1336 erhielt der Ritter *Heinrich von Wedel* vermutlich Nutzungsrechte in Wandsbek.

Die Geschichte Wandsbeks ist in vielerlei Hinsicht auch die Geschichte Schleswig-Holsteins: Nach dem Aussterben der Schauenburger wählen die Stände 1460 den *dänischen König Christian I.* als schleswig-holsteinischen Landesherrn mit der Auflage, daß *Schleswig* und *Holstein* für immer eine Union bleiben (Realunion). 1465 verpfändet Christian aus Geldnot, er hatte den in der Herrschaft Pinneberg regierenden Schauenburgern für seine Wahl erhebliche Geldabfindungen zugesagt, neben Bramfeld, Steilshoop, Altrahlstedt, Oldenfelde und Alsterdorf auch Wandsbek an Hamburger Bürger.

Ende des 15. Jahrhunderts entsteht das *Gut Wandsbek*. Um 1520 sitzen kurzweilig die adeligen Brüder Matthias und Ja-

cob Rantzau in Wandsbek. Die erste Epoche des Lehnsgutes Wandsbek endet mit dem Probst des Reinbeker Nonnenklosters, Dr. Detlef Reventlow als Gutsherrn.

Trotz des Vorsatzes, ungeteilt zu bleiben, kommt es infolge von Uneinigkeiten der Erben zu einigen *Landesteilungen* in Schleswig und Holstein. 1490, 1544 und 1581 zerfallen beide Herzogtümer quer durchs Land in die drei großen *Verwaltungsdistrikte* des königlichen Anteils, des herzoglichen (*Gottorfer*) Anteils, und des gemeinschaftlich regierten Teils, zu dem auch Wandsbek gehört.

1525 erhält der Hamburger Bürgermeister Dr. Heinrich Salzburg (Salßborch) das Gut Wandsbek als erbliches Lehen vom inzwischen gekrönten *König Friedrich I.*

1542 setzt sich nach anfänglichen Widerständen die *lutherische Reformation* durch und *J. Bugenhagens evangelische Kirchenordnung* wird von Räten, Prälaten, Ritterschaft und Städten für die Herzogtümer Holstein und Schleswig gebilligt.

1556 kauft der Hamburger Syndikus *Dr. Tratziger* nach Familienstreitigkeiten der Erben des inzwischen verstorbenen Bürgermeisters Dr. Salzburg das Gut vom Herzog von Holstein.

1564 verkauft Adam Tratziger das Gut Wandsbek an den königlichen Statthalter der Herzogtümer Schleswig und Holstein, Graf *Heinrich Rantzau*. Graf Rantzau läßt die Wandse aufstauen und errichtet eine Wassermühle: der heutige Mühlenteich beim Bahnhof Friedrichsberg entsteht.

Anders als so mancher adelige Gutsherr hebt Graf Rantzau nicht Bauernstellen auf, um sein Gut zu vergrößern, sondern er kauft und pachtet Äcker und Weideland von den Nachbardörfern Eilbek, Hamm, Steinbek und Neuengamme hinzu. Die sieben bis acht Kätner müssen anfangs an einem und später an zwei Tagen Hofdienste ableisten.

Gutspächter werden vom Grafen eingesetzt (als erster von 1572 bis 1578 Johann Freese, dann Detleff Wolders und Georg Ludwig Frobenius), die wiederum zur Regelung der äußeren Angelegenheiten der Dorfschaft einen Bauernvogten bestimmen (als ersten Peter Ropke). Da Rantzau das alte Herrenhaus nicht mehr genügt, läßt er es abreißen und die *Wandesburg* als Rechteck mit drei Gebäuden, Verbindungsbau und Burgturm im Innenhof errichten. Die Burg wird rundum mit einem Graben versehen, über den eine Zugbrücke in den angrenzenden Wirtschaftshof führt.

Von 1597-98 ist der dänische Astronom *Tycho Brahe* Gast von Heinrich Rantzau auf der Wandesburg und druckt auf einer eigenen Druckerpresse das erste Buch Wandsbeks. Es handelt von astronomischen Beobachtungsinstrumenten.

Nach dem Tod Heinrich Rantzaus erbt 1600 sein Sohn Breido das Gut, der, selbst erbenlos, Dorf und Gut Wandsbek 1614 an den dänischen König *Christian IV.* verkauft. Inzwischen baut der Gutspächter Adam Basilier den *Lusthof Wendemuth* (1613) beim heutigen Busbetriebhof.

Der *Dreißigjährige Krieg* (1618-48) verschont auch Wandsbek nicht. Dieser als Religionskampf beginnende, und als europäische Machtauseinandersetzung endende, chaotisch gnadenlose Krieg fordert nach und nach seinen Tribut von den Stormarn-Dörfern, denn sowohl »Freund« als auch Feind leben von der Bevölkerung, und Plündereien und Brandschatzung stehen auf der Tagesordnung. Wandsbeks erster Pastor Kaufmann verläßt die mittellose Gemeinde, der Küster flüchtet nach dem Niederbrennen seines Hauses auf die Wandesburg.

Nach der Niederlage des *Dänenkönigs Christian IV.* gegen *Tilly* (1626 bei Lutter am Barenberge) strömt das geschlagene Dänenheer zurück und die ligistisch-kaiserlichen Truppen (*Tilly* und *Wallenstein*) besetzen Schleswig-Holstein und Jütland. Der Durchzug der Truppen führt auch in Wandsbek zu den üblichen Plünderungen und Zerstörungen.

1630 übernimmt der aus dänischen Diensten ausgeschiedene *Obrist Bernd von Hagen* das Gutsdorf. Er faßt die Männer des Dorfes zu Gruppen zusammen und trainiert mit ihnen den Umgang mit Waffen. So brauchen die Bewohner nicht vor herumziehenden Banden zu flüchten. Die Nachbarorte Eilbek und Barmbek schlossen sich den »Selbsthilfetruppen« an.

Die weiteren *Kriegsaktivitäten* bestimmt der unüberbrückbare Gegensatz zwischen Dänemark-Norwegen und Schweden, in den auch Schleswig-Holstein mit hineingezogen wird. 1643 fällt der *schwedische General Torstenson* auf seinem Kriegszug gegen Dänemark auch in die *Holstein-Gottorfschen Herzogtümer* ein. Ein *Neutralitätsabkommen Herzog Friedrichs III.* mit den Schweden wird zum Anlaß ständiger Auseinandersetzungen der Gottorfer mit den dänischen Königen.

Mit schwedischer Unterstützung erlangt die Gottorfer Linie 1658 volle *Souveränität* über ihre Besitzungen, jedoch wird kurz darauf der größte Teil des Landes von zu Hilfe eilenden *kaiserlichen, brandenburgischen* und *polnischen* Truppen besetzt: Sie eilen Dänemark gegen einen neuerlichen *Überfall Karls X. Gustav von Schweden* zu Hilfe. Der *Friede von Ko-*

penhagen (1660) bestätigt die Souveränität des Gottorfer Herzogs (*Christian Albrecht* seit 1659).

Inzwischen erwirbt 1645 der aus den Niederlanden stammende reiche Hamburger Kaufmann *Albert Balthasar Behrens* das Gut Wandsbek. Ein Jahr darauf kauft er die Dörfer *Hinschenfelde* und *Tonndorf* dem Herzog *Friedrich III. von Gottorf* ab. 1336 erstmalig erwähnt, besteht Hinschenfelde aus 7 Vollbauernhöfen.

Wichtiges Wirtschaftsgut ist mit dem Erwerb verbunden: Zu Wandsbek gehören jetzt die Rantzaumühle am Mühlenteich, die Lohmühle (später Holzmühle) am Holzmühlenteich bei der heutigen Keßlerstraße, die Korn- und Pulvermühle (später Lohmühle) im Eichtal (bei der Gaststätte), die Ölmühle (zuletzt Sägemühle) am heutigen Ölmühlenweg, die Pulvermühle am Pulverhof und eine Kornmühle auf Loher Gebiet.

1664 erhält Wandsbek das *Recht*, Konkurs gegangene Kauf- und Handelsleute aufzunehmen, wenn kein betrügerischer Bankrott vorliegt: Statt - wie üblich - im Schuldturm zu landen, können die Betroffenen jetzt eine Arbeit aufnehmen und ihre Schulden ablösen, was die Gewerbetätigkeit des Ortes fördert.
Hinzu kommt 1674 das *Privileg*, daß nach zwei Jahren nicht wieder eingelöste Pfänder in Wandsbek weiterverkauft werden können. Beide Rechte ermöglichen auch Gaunern den Zutritt und lassen gestohlenes Gut in Umlauf kommen.

Das Gut Wandsbek wird 1679 nach den familienzugehörigen Erben Behrens an den dänischen Generalpostmeister *Paul von Klingenberg* und kurz darauf wiederum an den Freiherrn *Friedrich Christian von Kielmannsegg* weiterverkauft. Er baut am Südufer des Mühlenteiches seiner Frau Marie das »Haus Marienthal«: Der Name wird später auf den Stadtteil *Marienthal* übertragen.

Der unheilbare dänisch-gottorfische Konflikt überträgt sich erneut auf europäische Koalitionen und mündet im *Nordischen Krieg* (1700_21). Gottorf lehnt sich erfolglos an Dänemarks Gegner Schweden an und verliert seine Besitzungen in Schleswig an Dänemark, das mit Sachsen-Polen, Rußland, Hannover und Preußen verbunden ist.

1705 erwirbt der Kammerjunker *Joachim von Ahlefeldt* das Gut Wandsbek und legt zur besseren Nutzung seines Gutes den Wirtschaftshof Mühlenbeck bei der heutigen Ölmühle an.

In dauernder Geldknappheit bietet er Wandsbek Hamburger Kaufleuten zum Kauf. Der dänische König Christian vereitelt das Vorhaben, indem er selbst Wandsbek kauft.

1712 nehmen *russische Truppen* im Verlauf des Nordischen Krieges Quartier in Wandsbek und Zar Peter der Große folgt. Er bezieht 1713 sein Quartier im Wandsbeker Schloß. 1715 fordert die *Pest* 68 Tote in Wandsbek.

König Christian VI. setzt 1743 seinen Schwager, den *Markgrafen Friedrich Christian von Brandenburg-Kulmbach* als Gutsherrn ein. Dieser schafft die weiter oben erwähnten Privilegien ab und erhält im Ausgleich für die entgangenen Einnahmen die Genehmigung, zweimal jährlich *Jahrmärkte* abzuhalten. Viel Publikum findet sich da auf dem Marktplatz vor der Kirche ein.

Der Gottorfsche Herzog Karl Peter Ulrich besteigt 1762 als *Zar Peter III.* den russischen Kaiserthron. Im gleichen Jahr kauft *Freiherr Heinrich Carl von Schimmelmann* Dorf und Gut Wandsbek und läßt die *Wandesburg* abreißen, um das *Wandsbeker Schloß*, einen Dreiflügelbau mit Auffahrt zum Haupteingang von der Schloßstraße her, 1772 bauen zu lassen. Nach dem Tod Schimmelmanns 1782 erbt sein Sohn Christian das Gut Wandsbek.

Zuvor erließ 1768 Hamburg im *Gottorfer-Vergleich* dem dänischen Königshaus die Schulden für die Anerkennung seiner *Reichsunmittelbarkeit*. Die verpfändeten Dörfer wie z.B. Bramfeld, Oldenfelde, Meiendorf, Sasel und Bergstedt bekam Holstein-Gottorf zurück. Damit ist Hamburg eine Freie Stadt.

Rußland und Dänemark hatten inzwischen einen Bündnisvertrag geschlossen (1765), der letztlich zum *Vertrag von Zarskoje Selo* (1773) führt.

Darin wird Holstein-Gottorf im Austausch gegen die Grafschaften Oldenburg und Delmenhorst dem dänischen König überlassen. Er ist jetzt wieder der zuständige Herzog und damit Landesherr für Wandsbek, aber in dieser Eigenschaft Untertan des Deutschen Kaisers.

1804 wird Wandsbek auf Antrag der Gutsverwaltung als *Fabrikort* behandelt, da nahezu alle Ländereien zu Bleichen und Gärten umgewandelt sind, die Einwohner bürgerlichen Gewerben nachgehen oder in Fabriken arbeiten. Damit sind Wandsbeks Männer von der Militärpflicht befreit.

1807 verkauft *Christian von Schimmelmann* den größten Teil des Gutes an den Staat, also Dänemark. In seinem Besitz bleibt nur das Gebiet, dem der heutige Stadtteil *Marienthal* entspricht. Der königliche Anteil besteht nun aus dem Fabrikort Wandsbek und den Dörfern Hinschenfelde und Tonndorf mit Lohe.

Die *britische Beschießung Kopenhagens* und Elimination der Flotte (1807) veranlaßt Dänemark, das bis 1814 während *Bündnis* mit Englands Gegner *Frankreich* zu schließen:

Napoleon dehnt 1810 sein Kaiserreich bis an die Lübecker Bucht aus - einschließlich der Hansestädte - und *Schleswig-Holsteins Wirtschaft* leidet am unterbundenen Handel mit den nächsten Nachbargebieten (Kontinentalsperre). Nahezu alle Wandsbeker Kattundruckereien mußten aufgeben, bzw. abwandern.

Napoleons verlorener *Rußlandfeldzug* (1812) bringt Zerstörung und Plündereien durch zurückweichende französische Truppen bzw. des dänischen Hilfskorps mit sich. In den darauffolgenden *Befreiungskriegen* (1813-15) rücken der *freie Jägerverband Lützows* (preußischer Freikorps) und *Kosaken* auf Hamburg vor. Sie behandeln das Gebiet als Feindesland. Die rauhen Sitten der Kosaken hinterlassen vielerorts bleibende Erinnerungen - aber auch an freundlich menschliche Züge.

1815 wird der *dänische König Friedrich VI.* für die Herzogtümer Holstein und Lauenburg Mitglied des *Deutschen Bundes* (Zusammenschluß 39 deutscher Staaten nach dem Wiener Kongreß 1815).

Die Befragung der 257 Wandsbeker Grundeigentümer (unter ihnen Litzow, von Bargen, Helbing und Morewood) bringt mit 189 Befürwortern dem Ort 1833 den *Status eines Fleckens*. Damit wird Wandsbek rechtlich und offiziell als Fabrikort anerkannt und die Handwerker können Zünfte bilden.

1838 erläßt die dänische Regierung eine *Zollverordnung*, die die Binnenzölle auch für die Herzogtümer Schleswig und Holstein aufheben soll. Da die Freie und Hansestadt Hamburg keinen Zoll und keine Zollgrenzen zu dieser Zeit kennt, wird eine *dänische Zollgrenze* mit Zollhaus an der Wandsbeker Zollstraße zwischen Morewoodstraße und Von-Bargen-Straße errichtet - also östlich der Hamburger Grenze, da die dichte Bebauung Wandsbeks an der Hamburger Grenze eine Zollkontrolle schwierig gestaltet hätte. Trotzdem nutzen z.B. Tabakschmuggler das Wandsbeker Gehölz als Schleichweg.

Als die Dänen Schleswig von Holstein trennen und sich einverleiben wollen, wehren sich 1848 die Schleswig-Holsteiner dagegen (Wandsbek bildet eine 300 bis 400 Mann starke Bürgerwehr: Drei Kompanien Infanterie, eine Kompanie Jäger und eine Abteilung Kavallerie).

Im *Deutsch-Dänischen Krieg* von 1848-50 werden sie anfangs von *preußischen Truppen* unterstützt, die sich aber auf Betreiben der europäischen Großmächte zurückziehen, so daß zunächst nur Schleswig und 1852 auch Holstein den Dänen zufällt. Dänische Dragoner rücken in Wandsbek ein und werden in der zur Kaserne umgebauten Lengerckeschen Eisengießerei in der Lengerckestraße einquartiert.

Sie verlassen 1863 den Ort, denn *Bismarck* erreicht ein gemeinsames Vorgehen Preußens und Österreichs. Die Dänen werden im *Deutsch-Dänischen Krieg* von 1864 besiegt und müssen Schleswig-Holstein abtreten, das zunächst beide Siegermächte verwalten. Schwelende Rivalitäten zwischen letzteren werden durch einen kurzen Feldzug, dem *Deutschen Krieg* (1866), entschieden: Österreich überläßt Preußen die Herzogtü-

mer als *Provinz Schleswig-Holstein* (1867), zu der auch Wandsbek gehört, genauer: zum ebenfalls neu gebildeten *Kreis Stormarn*.

Der 1857 von *Graf Ernst von Schimmelmann* an *Johann Carstenn* und Johann Koopmann verkaufte gräfliche Anteil des Gutes (letzterer übergab seinen Anteil kurz darauf) wird von Carstenn parzelliert. 1861 muß auch das *Schloß* weichen. Das Gut privaten bzw. gräflichen Anteils läßt er umbenennen in das *Gut Marienthal*.

1870 hat Wandsbek über 10.000 Einwohner und wird *Stadt* mit Wilhelm Lesser als erstem gewählten Bürgermeister. Das Hannoversche Husarenregiment wird 1871 in Wandsbek einquartiert. Den Gutsbezirk Marienthal gliedert man 1878 als »Bezirk Marienthal« in die Stadt Wandsbek ein.

Wandsbek darf sich auf Anordnung der Preußischen Regierung ab 1879 nicht mehr in der alten Schreibweise als »Wandsbeck« schreiben, sondern es heißt jetzt »Wandsbek«. Mit der *Eingemeindung Hinschenfeldes* (1900) überschreitet Wandsbek die Bevölkerungszahl von 25.000 und kann damit 1901 als *kreisfreie Stadt* aus dem Kreis Stormarn ausscheiden. Vorteilhaft: Die Kreissteuern entfallen.

1910 entsteht das heutige *Wandsbek-Gartenstadt* mit der Gründung der Gartenstadt-Gesellschaft Wandsbek. Die Idee des Einfamilienhaussystems stammte aus England und sollte auch minderbemittelten Familien ein angenehmes und gesundes Wohnen ermöglichen.

Nach dem Zusammenbruch des *Deutschen Reichs* im *Ersten Weltkrieg* (1914-18) fällt Nordschleswig (nördlich der Flens-

Das Husarenregiment Nr. 15 zieht nach dem deutsch-französischen Krieg aus Frankreich kommend 1871 in Wandsbek ein.

burger Förde) aufgrund des Versailler Vertrags per Volksabstimmung an Dänemark (1920). Bei Kriegsende übernimmt ein *Arbeiter-* und *Soldatenrat* die Macht und versucht genauso erfolglos wie zuvor Wandsbeks Oberbürgermeister Rodig, den Ort nach Hamburg einzugemeinden.

Es bricht die Zeit der *Weimarer Republik* an (1919-33), in der die Wandsbeker durch allgemeine und geheime Wahlen zur *Deutschen Nationalversammlung*, Preußischen Nationalversammlung und zu den Stadtverordneten ihren Beitrag zur Einführung der *parlamentarischen Demokratie* leisten.

Preußen versucht 1927 durch die Bildung von Großgemeinden am Rande Hamburgs die Eingliederung nach Hamburg zu verhindern.

Die Eingemeindung Tonndorfs und Jenfelds zu Wandsbek machen den Ort zu *Groß-Wandsbek*.

1933 übernimmt die *NS-Diktatur* die Macht. Unter gewaltsamen und be-

kannten Wahl- und Abstimmungsmanipulationen und Mißhandlungen leiden einerseits und beteiligen sich andererseits Teile der Wandsbeker Bevölkerung.

Im Zuge des *Groß-Hamburg-Gesetzes* wird die preußische Stadt Wandsbek 1937 unter der nationalsozialistischen Regierung nach Hamburg eingemeindet.
Die Luftangriffe der Alliierten zerstören 1943 große Teile Wandsbeks und auch Eilbeks.

Der Spuk endet 1945: Hamburg wird zur offenen Stadt erklärt und die englische Besatzungsmacht sorgt zusammen mit den Alliierten für eine Neuorientierung und -strukturierung nach demokratischen Gesichtspunkten.

Seit 1949 gehört das Kerngebiet mit den Ortsamtsbereichen Alstertal, Bramfeld, Rahlstedt und Walddörfer zum *Bezirk-Wandsbek*.

NS-Aufmarsch auf dem Wandsbeker Marktplatz.

Veränderungen im Ortsbild und Wohnbereich

Im heutigen Ortsbild Wandsbeks deutet fast nichts mehr auf das frühere stormarsche Bauernhaus-Dorf hin.

Jahrhundertelang hatte der Bautypus des niedersächsischen Wohnstallhauses - auch Durchgangsdielenhaus oder niederdeutsches Hallenhaus genannt - Platz geboten für Menschen, Tiere, Erntevorräte und viele Binnenarbeiten. Diese Bauernhäuser waren Fachwerkkonstruktionen mit weit heruntergezogenem Strohdach, das auf zwei Reihen Ständer ruhte. In seiner älteren Bauweise bestanden die Flächen zwischen dem Fach-

Grundriß des niedersächsischen Wohnstallhauses

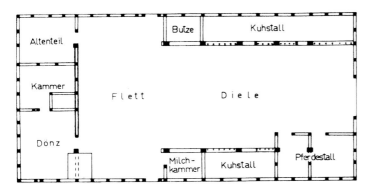

werk aus einem Geflecht dünner Äste, die man durch senkrechte Staken hindurchwand (daher »Wand«). Darauf wurde aufbereiteter Lehm getragen.

Die Diele des Hauses, deren Boden aus gestampftem Lehm bestand, betrat man durch die wagenweite »Grotdör«. Hier wurde die Ernte durch die Dachbodenluke unter »Dach und Fach« gebracht, bot sich Platz an für mancherlei Arbeiten - wie z.B. das Dreschen.

Den Mittelpunkt des zweiarmigen Fletts, das meist mit kleinen Feldsteinen gepflastert war, bildete die Herdstelle. Es gab zunächst meist keinen Schornstein, der Rauch zog durch die Seitentüren und das Dach ab. An der Decke hingen an einem Lattengerüst Schinken, Würste und Speck, die durch den Herdstellenrauch konserviert wurden.

Das Leben im Wohnstallhaus beurteilten Zeitgenossen sehr unterschiedlich. Ein Justus Möser (1720-94) hob die Vorteile hervor:

»Der Heerd ist fast in der Mitte des Hauses und so angelegt, daß die Frau, welche bei demselben sitzt, zu gleicher Zeit alles übersehen kann [...] Ohne von ihrem Stuhle aufzustehen, übersieht die Wirthin zu gleicher Zeit drey Thüren, dankt denen, die hereinkommen, heißt solche bey sich niedersetzen, behält Kinder und Gesinde, ihre Pferde und Kühe im Auge, hütet Keller und Boden und Kammer, spinnet immerfort und kocht dabei. Ihre Schlafstelle ist hinter diesem Feuer, und sie behält aus derselben eben diese große Aussicht, sieht ihr Gesinde zur Arbeit aufstehen und sich niederlegen, das Feuer anbrennen und verlöschen.

[...] Und wer den Heerd der Feuersgefahr halber von der Aussicht auf die Deele absondert, beraubt sich unendlicher Vortheile. Er kann sodann nicht sehen, was der Knecht schneidet, und die Magd futtert. Er hört die Stimme des Viehs nicht mehr. Die Einfarth wird ein Schleichloch des Gesindes, seine ganze Aussicht vom Stuhle hinter dem Rade am Feuer geht verlohren, und wer vollends seine Pferde in einem besonderen Stalle, seine Kühe in einem anderen, und seine Schweine im dritten hat, und in einem eigenen Gebäude drischt, der hat zehnmal so viel Wände zu unterhalten, und muß den ganzen Tag mit Besichtigen und Aufsichthaben zubringen.«

Demgegenüber formulierte A.Bruchhausen im Jahre 1790 seine Vorbehalte gegenüber diesem Haustyp:

»Unsere meisten Bauernhäuser [...] gleichen einer hohlen Rast, sind für Menschen und Vieh ungesund, unbequem und überhaupt für die Landwirtschaft übel eingerichtet.

Die Wohn- und Schlafstuben sind zu enge, zu niedrig, die Fenster zu klein und oft so gemacht, daß sie nicht können geöffnet werden, um frische, gesunde Luft hineinzulassen. In vielen Häusern liegt die Mistgrube vor der Wohn- und Schlafstube [...] Die Küchen sind kalt und allem Winde offen, so daß das Feuer in die Dresche verfliegen, und von

Hunden und Katzen ganz leicht darin geschleppt werden kann [...] Auch sind an vielen Bauernhäusern noch keine Schornsteine, darum sieht da alles so schmutzig und so schwarz aus. Menschen, Kleider, Leinenzeug, das Essen und das Futter fürs Vieh sind wie geräuchert: die Luft wird unrein, erstickend und den Augen schädlich.«

Wir wissen aus zeitgenössischen Berichten, daß damals die Menschen im Winter in diesen Häusern gefroren haben. Die Innentemperaturen lagen nur 5-6 Grad über der jeweiligen Außentemperatur - trotz der Wärmedämmschicht, die das unter dem Dachboden gelagerte Heu bot und der Wärmeausstrahlung von Vieh und Herdstelle.

Das Bauernhaus mit seinen Nebengebäuden, wie Scheunen und Backhaus, wurde von Mauern aus Feldsteinen umgrenzt. An der Westseite war es von Eichen oder Linden umgeben, die vor Wind und Wetter schützten.

Neben den unterschiedlich großen Bauernhöfen und -häusern gab es die Häuslingshäuser (Hüßelhus). Häuslinge waren Landarbeiter, die bei dem Bauern, auf dessen Hof sie arbeiteten, das »lütt Hus« bewohnten. In diesen Katen, die im Kleinformat eine ähnliche Gliederung aufwiesen, wie das bäuerliche Wohnstallhaus, muß eine unvorstellbare Enge für die meist kinderreiche Landarbeiterfamilie geherrscht haben. Solange sich die landwirtschaftliche Arbeit nicht wesentlich änderte, blieb das niedersächsische Wohnstallhaus erhalten.

Erste Handwerker, hauptsächlich Tuch- und Bandweber, siedelten sich unter der Gutsherrschaft der Familie Behrens (1645-79) an. 1607 hatte Wandsbek bereits 300 Einwohner.

Anders als in den zum Gut Wandsbek gehörenden Dörfern Tonndorf und Hinschenfelde war 1775 das letzte Bauernland im Dorf Wandsbek verschwunden. Die vier Vollbauernhöfe mit den dazugehörigen Katen (das Dorf Wandsbek hatte 7 bis 8 Kätner) lagen an der heutigen Schloßstraße in der Nähe der Wandesburg, dem späteren Schloß.

Der Grund für die eingestellte landwirtschaftliche Nutzung: Freiherr Heinrich Carl von Schimmelmann förderte die Ansiedlung des Kattundrucks in Wandsbek und der Bedarf an Flächen zum Bleichen und Trocknen der Baumwollstoffe (Kattune) war groß. Es entstanden fünf Wandsbeker Kattundruckereien, die bis zu 1500 Arbeiter beschäftigten.

1780 zählte die Einwohnerliste 148 Häuser und 80 »Buden« im Gutsdorf auf. Die Wandesburg, die Graf Rantzau anstelle des Herrenhauses erbauen ließ, mußte schon 1772 dem Wandsbeker Schloß weichen (siehe voriges Kapitel), das Schimmelmann bauen ließ.

Die Gebäude des Vorwerkes Mühlenbeck, ein hauptsächlich Milchwirtschaft betreibender zweiter Wirtschaftshof des Gutes zwischen der Ölmühle und der Ahrensburger Straße, ließ Schimmelmann abreißen. Doch entstand bald darauf nahe der Ölmühle ein neues Verwalterhaus. Die zentrale Bewirtschaftung vom Pächterhof, ein 1766 nach Süden an die Kurvenstraße verlegter Wirtschaftsteil der Wandesburg, bewährte sich vermutlich nicht.

Bereits um die Jahrhundertwende des 19. Jahrhunderts kauften wohlhabende Hamburger Land und bauten in Wandsbek.

Die Infrastruktur wurde verbessert: Die holsteinischen Landstraßen waren aufgrund ihres schlechten Zustandes gefürchtet.

Der Ausbau der Landstraße Wandsbek-Ahrensburg-Bargteheide-Elmenhorst 1843 und weiterer Chausseen zwischen Hamburg und Lübeck ermöglichte Schnellpostwagen Fracht und Reisende komfortabler und in kürzerer Zeit zu transportieren.

1842 konnten die Wandsbeker erstmalig die neue Pferde-Omnibuslinie nach Hamburg benutzen. 1879 verkehrte man dann mit der Dampflokomotive und 1897 mit der elektrischen Straßenbahn zwischen Hamburg und Wandsbek. Ab 1865 hielt der Zug der Strecke Hamburg-Lübeck auf dem neuen Bahnhof an der Wandsbeker Bahnhofstraße.

Der Gutsbesitzer Johann Carstenn ließ 1861 das Schloß abreißen und parzellierte das Gelände mit dem Schloßgarten. Die Erschließung des Gutes Marienthal ging zügig voran und die Baugrundstücke fanden schnell Käufer. Der Villenvorort Marienthal entwickelte sich.

1858 wurde die Gasanstalt (Ecke Wandsbeker Allee/Walddörferstraße) und 1862 die Straßen Brauhausstieg und Mühlenstieg gebaut. Nach 1852 baute man die frühere Lengerckesche Eisengießerei in der Lengerckestraße in eine Kaserne um und 1867 entstand eine zweite Kaserne in der Nebendahlstraße, eine dritte entstand 1887 in der Schilleranlage in Marienthal (Am Husarendenkmal).

Das Rathaus in der Wandsbeker Königstraße wurde 1888 durch Zukauf des Nachbargrundstücks erweitert. Ebenfalls 1888 konnten die Kranken aus dem bereits 1833 erbauten ersten Wandsbeker Krankenhaus zwischen Litzowstraße und Wandsbeker Allee in das neue Gebäude an der Jüthornstraße verlegt werden. Das Krankenhaus wurde 1903 und ab 1961 weiter ausgebaut. 1890 kaufte Wandsbek den Großen- und den

Lütjensee und baute dort ein Pumpwerk, um das Wasser durch eine 20 km lange Leitung zum Wasserturm am Holstenhofweg zu pumpen. Es stellte ab 1892 die Wasserversorgung sicher.

Die Bevölkerung Wandsbeks stieg auf 27.295 Einwohner (einschließlich Hinschenfelde) im Jahr 1900. Außerdem ermittelte man in der Volkszählung 1577 Pferde, 394 Kühe, 42 Schafe, 171 Ziegen, 1658 Schweine, 13 314 Stück Federvieh, 45 Bienenstöcke und 13 758 Obstbäume.

Im Zuge der Industrialisierung entstanden um die Jahrhundertwende zahlreiche Industriebetriebe in Wandsbek. Diese werden im Kapitel »Arbeit und Leben« näher behandelt.

Um die Jahrhundertwende bestanden in Wandsbek erhebliche Wohnprobleme: Arbeiterhaushalte vermieteten Schlafstellen an alleinstehende junge Männer, die sich meist kein eigenes Zimmer leisten konnten. Ein Brauereiarbeiter verdiente um die 120 Mark im Monat und mußte durchschnittlich 19-20 Mark für einen heizbaren Raum monatlich bezahlen.

In Wandsbek gab es keine Mietskasernen wie in Hamburg, sondern es entstanden kleine Häuserkomplexe, und Firmen wie Helbing, Reichardt und die Germania-Brauerei stellten ihren Arbeitern Wohnungen zur Verfügung.

1910 wurden dann für weniger begüterte Familien Häuser gebaut: In Wandsbek-Gartenstadt entstanden die ersten acht Doppelhäuser am Goldlackweg. 1911 erweiterte man um 112 Wohnungen zwischen Lesserstraße/Goldlackweg/Stephanstraße und um einen Marktplatz mit acht Läden im Kreuzungsbereich Tilsiter Straße/Gartenstadtweg. Zwischen 1933 und 1940 entstanden weitere Häuser am Nelken- und am Anemonenweg.

1930 wurde der Friedrich-Ebert-Damm ausgebaut, das letzte Teilstück 1983/84. Die neugebaute Rodigallee und die Straßen Rahlau, Kuehnstraße, Schiffbeker Weg, Sonnenweg und der Bau der Autobahn Hamburg-Lübeck entlasteten und verbesserten die Verkehrssituation in Wandsbek in den 30er Jahren.

Größere Mietbauten entstanden im gleichen Zeitraum in Dulsberg, am Friedrich-Ebert-Damm, in der Lesserstraße, in der Kedenburgstraße, am Thingsberg, am Wasserturm und zwischen Schimmelmannstraße und Rodigallee.

In der Wiederaufbauphase nach dem Zweiten Weltkrieg erhielt der Wandsbeker Markt sein heutiges Aussehen:

Der Wandsbeker Markt wird einer der wichtigsten Verkehrsknotenpunkte Hamburgs mit der Konzeption der U-Bahnlinie vom Hauptbahnhof durch Eilbek über Wandsbek-Markt nach Farmsen, seinem 1962 geschaffenen Busbahnhof und dem Bau der Rathaus-Brücke.

Größere Wohnanlagen entstanden am Friedrich-Ebert-Damm und an der Lesserstraße in den 50er und 60er Jahren. 1970 wurde das Industriegelände der Deutschen Hefewerke nach Westen erweitert und das Flußbett der Wandse zwischen Keßlersweg und Wendemuthstraße verlegt.

1983 baute man den Betriebsbahnhof Wendemuth als Busbahnhof aus. Mit der Begradigung der Rüterstraße im Zuge des Ausbaus der B 75 wurde 1984 begonnen.

1987 hat Wandsbek 31 550 Einwohner und Marienthal 11 060. Deutlicher als alle Worte zeigt der folgende Bildteil die Veränderungen.

Die Aufnahme von 1933 zeigt die Lesserstraße in Richtung Bramfeld. Im Hintergrund verläuft die Bahnlinie Wandsbek-Gartenstadt - Trabrennbahn.

Der Wasserturm am Holstenhofweg aus der damaligen Blücherstraße fotografiert.

Der Wasserturm wurde 1953 abgerissen. Die Blücherstraße heißt heute Kramerkoppel.

Das Straßenbahnerhäuschen um 1908 am Moltkeplatz.

Auch heute noch befindet sich hier eine Bushaltestelle an der Ahrensburger Straße bei der Eichtalstraße.

Eine der vielen Gastwirtschaften in Wandsbek. Hier gab es eine Kegelbahn und Bier vom Faß, wie zu lesen ist. Sie befand sich ...

... an der heutigen Ecke Eichtalstraße/Ahrensburger Straße.

Polizeiaufmarsch in der Zollstraße vermutlich um 1926. Gustav Stahmer hatte hier seinen Getreide- und Futtermittelhandel.

Ohne Polizeiaufmarsch der gleiche Straßenabschnitt an der Zollstraße bei der Kehdenburgstraße.

Auf dem Platz der Luetkenschen Villa im Eichtalpark befindet sich ...

... heute ein Unterstandspavillion.

Kohlenhandel und Hausschuh-Pantoffelmacherei in der Von-Bargen-Straße.

Einige Veränderungen lassen dennoch Ähnlichkeiten wiedererkennen an der Ecke Neumann-Reichhardtstraße/Von-Bargen-Straße.

Die Zollstraße stadteinwärts.

Die Gabelung Zollstraße - Rüterstraße erfuhr im letzten Jahrzehnt eine grundlegende Umgestaltung.

Die Lübecker Straße. Die heutige Kreuzung Wandsbeker Marktstraße/Wandsbeker Allee ist noch nicht im Hintergrund zu erkennen. Der Durchbruch erfolgte erst nach 1954.

Die einstige Einmündung nach links auf dem alten Foto führt heute zur relativ neuen Sporthalle.

Lübecker- und Kampstraße um 1935 vom Kirchturm aus fotografiert.

Die einstige Kamp Straße - jetzt Rüterstraße - und Lübecker Straße - jetzt Wandsbeker Zollstraße - ebenfalls vom Kirchturm fotografiert.

Die Schloßstraße um 1905 vom Finanzamt in Richtung Markt gesehen.

Nahezu vollständig haben sich die Fassaden in der Schloßstraße verändert.

Die Volksschule Marktstraße an der heutigen Witthöfftstraße.

Jetzt polizeiliche Untersuchungsstelle und Krankenhaus.

Die Rennbahnstraße Ecke Schädlerstraße ...

42

... heißt heute Neumann-Reichardt-Straße.

Wandsbek Rennbahnstraße

Die Rennbahnstraße Richtung Osten. Links geht die Josephstraße ab.

Die Neumann-Reichardt-Straße, ehemals Rennbahnstraße. Die ursprüngliche Bebauung auf der linken Straßenseite ist teilweise noch erhalten.

Der Blick in die Josephstraße von der Böhmestraße ...

... zeigt 1990 das Eckhaus nahezu unverändert, wenn auch auf der rechten Straßenseite im Zuge der Wohnraumerstellung nichts unverändert blieb.

Die Turnhalle des Wandsbeker Turnerbundes von 1861 e.V. beim Charlotte-Paulsen-Gymnasium in der Bovestraße einst ...

... und jetzt.

Der erste Zug der Linie Hamburg-Lübeck hielt 1865 auf dem Wandsbeker Bahnhof. Der damalige Gutsbesitzer Carstenn erreichte durch Intervention beim dänischen König Friedrich III. diese südliche, etwas im Abseits gelegene Trassenführung gegen den Willen der Commüneverwaltung.

Der Bahnhof an der Straße Bahngärten fristet heute ein Schattendasein.

Das zweite Wandsbeker Krankenhaus sollte das kleine Krankenhaus an der Litzowstraße ersetzen.
Letzteres war mit Platz für rund zwei Dutzend Patienten zu klein geworden.

Das alte Verwaltungsgebäude des »neuen« Krankenhauses von 1888 steht heute noch an der Jüthornstraße,
doch wurde es ausgebaut zum Allgemeinen Krankenhaus Wandsbek.

Nach Groß-Jüthorn machten viele Familien ihren Sonntagsausflug, um sich nach einem Spaziergang im Wirtschaftsgarten niederzulassen. Dazu spielte häufig eine Musikkapelle der Wandsbeker Husaren auf.

Vom einstigen Ausflugsbetrieb Groß-Jüthorn ist nichts übriggeblieben. Er wurde 1938 aufgelöst.

Die einstige Goßlerstraße nach Groß Jüthorn.

Die Goßlerstraße wurde 1950 umbenannt in Kielmannseggstraße.

Das Hotel Marienthal an der Oktaviostraße, östlich der Kielmannseggstraße.

Das Gelände gegenüber der Stoltenbrücke 1990.

Die Ernst-Albers-Straße um 1910 nach Norden gesehen auf die Jüthornstraße zu.

Die Villa ganz links steht noch, wie das Foto zeigt.

Die Husaren in der Jüthornstraße vor der Schatzmeisterstraße.

Die Bebauung mit Appartement-Häusern läßt kaum noch den Flair der alten Zeit erahnen.

63

Die Häuser An der Marienanlage wurden zum großen Teil im Zweiten Weltkrieg zerstört.

Das Haus in der Mitte des vorigen Fotos ist erhalten geblieben, wie das Bild zeigt.

Der Neubau der Kaserne in der Schilleranlage ermöglichte 1887 die Vereinigung des ganzen Husaren-Regiments in Wandsbek.

An der Straße Am Husarendenkmal befindet sich heute die Verkehrssstaffel der Polizei und ein Altenheim.
Zwischen beiden Einrichtungen befand sich die Kaserne.

Durch die einstige Goethestraße wurde die Wandsbeker Rathausbrücke gebaut.

Hier ein Blick in die Kurvenstraße mit der Brücke rechts-oben.

Der Wandsbeker Hof an der Schloßstraße war früher Mittelpunkt vieler Feiern und Feste.

Seinen Platz nimmt heute ein nicht gerade sehr ästhetischer Neubau ein.

Die Schule am Mühlenteich um 1914 in Blickrichtung Wandsbeker Königstraße.

Der Wandsbeker Mühlenteich entstand Ende des 16. Jahrhunderts. Das Wasser der Wandse ließ Graf Heinrich Rantzau aufstauen, um seine Mühle an der Eilbeker Grenze betreiben zu können. Mitten durch den Teich verlief einst die Grenze zu Barmbek.

Das Eilbektal von der Brücke Von-Essen-Straße aus gesehen mit Blick auf die Versöhnungskirche
(vergleiche auch historische Aufnahme auf S. 155).

74

Wandsbek-Gartenstadt aus der Luft mit dem Friedrich-Ebert-Damm im Vordergrund, rechts verläuft die Stephanstraße,
links befindet sich das Dulsberg-Bad und in der Mitte der Bahnhof mit der Lesserstraße (vergleiche auch Luftbild Seite 19).

Das Grundwasserwerk an der Straße Am Grundwasserwerk sicherte ab 1892 die Wandsbeker Wasserversorgung. Die kurz darauf ausbrechende Choleraepidemie überstanden die Wandsbeker dank des sauberen Wassers, das aus dem Großensee abgeleitet wurde, unbeschadet.

Die Ölmühle am Ölmühlenweg diente ursprünglich der Ölgewinnung aus Raps und Rübsen.
Um 1800 als Papiermühle genutzt ist sie jetzt ein Teil des Studentenwohnheims.

Der botanische Schulgarten vor der Ölmühle am Ostende des Eichtalparks wurde vom Wandsbeker Lehrerverein angeregt und nach dem Ersten Weltkrieg hergerichtet.

Das Wandsetal ist ein Ruhepol der Erholung in Mitten des geschäftigen Treibens der Stadt.
Die Grünanlage vor der Ölmühle ist hier zu sehen, mit den Wassern der Wandse und der Rahlau, die hier zusammenfließen.

Der Grundstein zur katholischen St. Joseph-Kirche in der Witthöfftstraße wurde bereits 1904 gelegt.
Sie war die Urzelle für vier weitere Pfarreien.

80

Das Mausoleum ließ Freiherr Heinrich Carl von Schimmelmann 1791 als nahe der Kirche gelegene Grabkapelle errichten.
In dem klassizistischen Bauwerk wurde er selbst neun Jahre nach seinem Tod - er starb 1782 - und seine Frau 1795 beigesetzt.

Das einstige Stormarnhaus wurde vom Kreis Stormarn nach dem Ersten Weltkrieg als Verwaltungsgebäude errichtet.
Es ist heute Sitz des Bezirksamtes Wandsbek.

Großer Beliebtheit erfreut sich der Wochenmarkt im Quarree. Frisches Gemüse, Obst, Fleisch, Blumen und vieles mehr werden feil geboten.

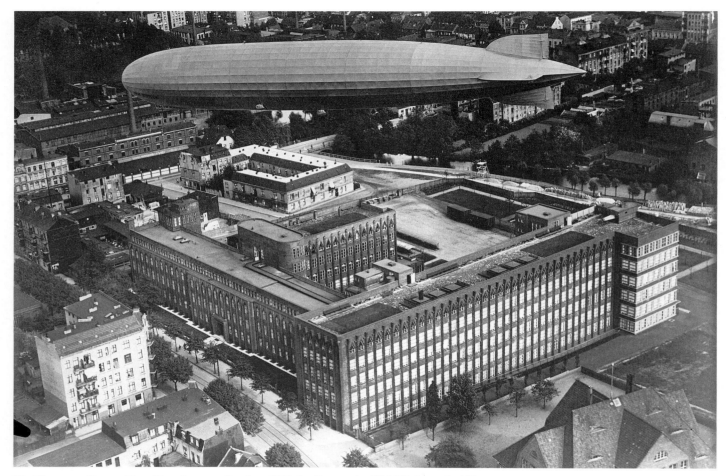

Die Zigaretten-Firma »Haus Neuerburg« vollendete 1935 den Bau an der Walddörferstraße 103.
Die Firma wurde im selben Jahr vom Zigarettenhersteller Reemtsma übernommen.

Das Reemtsma-Gebäude übernahm 1982 das Fernmeldeamt 2 der Bundespost.

Die Lengerckestraße um die Jahrhundertwende ...

... und heute.

Die alte Kaserne in der Lengerckestraße. Die einstige Lengerckesche Eisengießerei wurde zur besseren Unterbringung der dänischen Dragoner in eine Kaserne umgebaut. Man nannte sie auch die dänische Kaserne.

Auf dem selben Platz steht jetzt ein Wohnblock an der Ecke Lengerckestraße/Bandwirkerstraße.

Das erste Wandsbeker Krankenhaus wurde um 1833 gebaut und wurde vom Fabrikanten Peter von Lengercke der Stadt Wandsbek gestiftet. Es konnte gerade zwei Dutzend Patienten aufnehmen und stand in der Bleicherstraße - heute Kattunbleiche.

90

Das Haus wurde 1943 zerstört. Heute befindet sich hier die Feuerwehrwache.

Die Litzowstraße um 1905. Sie verlief durch den heutigen Busbahnhof links der Wandsbeker Rathausbrücke.

Links von Betten-Schwen besteht heute noch der Durchbruch in die Litzowstraße - allerdings nur für Fußgänger.

Der Blick über den Wandsbeker Markt auf das Schefehaus im Mittelpunkt des Bildes und Betten-Schwen rechts neben der Litzowstraße.

94

Betten-Schwen hat eine lange Tradition in Wandsbek: Catharina Dorothea Schwen legte 1872 den Grundstein für das Geschäft an der Ecke Kattunbleiche/Litzowstraße. Heinrich Schwen verlegte 1911 das Geschäft an die Wandsbeker Marktstraße Ecke Litzowstraße, um an die Hauptverkehrsstraße zu gelangen. 1955 erfolgte der auf dem Foto gezeigte Neubau. Betten Schwen ist heute der führende Fachhandel im textilen Bereich Gardinen und natürlich Betten.

Die Wandsbeker Marktstraße hieß um 1900 noch Lübecker Straße.

96

Die Wandsbeker Marktstraße 1990 stadteinwärts.

Das 1772 im Auftrag von Freiherr Heinrich Carl von Schimmelmann erbaute Schloß wurde 1861 vom Gutsbesitzer Carstenn abgerissen.

Die Auffahrt zum Schloß verlief entlang der heutigen Straße Schloßgarten.

Das Kellinghusensche Landhaus in der Schloßstraße wurde 1890 als neues Postgebäude erworben. Es wurde 1943 zerstört und ...

... an gleicher Stelle das heutige Postamt erbaut.

Schräg gegenüber der Post gelangen wir in die Wandsbeker Königstraße. Dort befand sich im vorigen Jahrhundert das Wandsbeker Rathaus.

Die Königstraße begann bereits um die Jahrhundertwende, ihr Gesicht stark zu verändern.

Nach einem Blick in die Königstraße (hier am rechten Bildrand) verlassen wir nun den Wandsbeker Markt und begeben uns
über die einstige Hamburgerstraße stadteinwärts nach Hamburg. Seit 1866 verkehrte die Pferde-Eisenbahn zwischen
Rathausmarkt Hamburg und Wandsbeker Zollgrenze am Keßlersweg/Wandsbeker Zollstraße.

Die Hamburgerstraße an der Gabelung zur Schloßstraße heißt seit 1950 Wandsbeker Marktstraße.

Ein Blick zurück um 1933 entlang der ehemaligen Hamburger-Straße zum Wandsbeker Markt.

Der Krieg ließ keinen Stein auf dem anderen. Die Geschäftszeile ist nicht wiederzuerkennen an der Wandsbeker Marktstraße.

Auf Wunsch der Preußischen Regierung mußte die Vorortsbahn Blankenese-Barmbek bis an die Grenze der damals noch preußischen Stadt Wandsbek herangeführt werden. Im Zuge dieser Entwicklung entstand um die Jahrhundertwende der Bahnhof Friedrichsberg, der damals noch zum Barmbeker Gebiet gehörte.

108

Der Bahnhof Friedrichsberg an der Grenze zu Barmbek.

Arbeit und Leben

Unter Graf Heinrich Rantzau (von 1564-98 Gutsbesitzer) erlebte Wandsbek seine erste Blütezeit. Einnahmen aus Korn-, Loh- und Pulvermühlen und eine Ziegelei bei Groß Jüthorn, um 1570 die erste Gastwirtschaft, ein Gärtner für die Parkanlagen des Gutes, Bandreißer und Leinenweber sind erste Zeugnisse für das aufstrebende Dorf mit Herrensitz.

Das Gut verwaltete ein eingesetzter *Pächter*, der als Stellvertreter für den Gutsherrn auch die Ausübung der *Gerichtsbarkeit* im Dorf übernahm.

Er bewirtschaftete die Gutsländereien zunächst nur vom *Wirtschaftshof* neben der Wandesburg (an der heutigen Schloßstraße zwischen Schloßgarten, Claudiusstraße und Rantzaustraße gelegen), bis das *Vorwerk Mühlenbeck* (zwischen Ölmühle und Ahrensburger Straße) als zweiter Wirtschaftshof des Gutes dazu kam.

Unter dem Gutspächter stand der *Bauernvogt* (Peter Ropke, Hamme, Hinsch, Vricke, Borstel, Karstens, Westermanns, Bremer, Sanmanns, Alers sind überlieferte Namen). Er mußte zwischen den Interessen des Gutsbesitzers und der Bauernschaft vermitteln.

Die *Bauern* der vier Höfe waren keine Leibeigenen. Sie bewirtschafteten ihr Land und ihre Höfe selbständig, mußten je-doch an zwei Tagen in der Woche mit Pferd und Wagen Hofdienste leisten. Die von den Bauern abhängigen Kätner hatten an zwei Tagen in der Woche ebenfalls Hofdienste abzuleisten.

Unter der Gutsherrschaft der Familie Behrens (1645-79) siedelten sich *Handwerker*, hauptsächlich Tuch- und Bandweber (Bandwirker) an, die zeitweise über 100 Webstühle betrieben.

Wie verlief nun der bäuerliche Alltag ? Die Lebensgemeinschaft eines Hofes war zugleich eine *Arbeitsgemeinschaft*, in der alle Hofmitglieder sich an den bäuerlichen Arbeitsverpflichtungen beteiligten.

Landarbeit war bis zur verstärkten Mechanisierung der Landwirtschaft - beginnend Anfang unseres Jahrhunderts - immer Handarbeit.

Zu Beginn des Frühjahrs mußten die Ställe ausgemistet werden, damit der Acker noch vor der Einsaat gedüngt werden konnte. Der Mist wurde aus dem Stall geworfen, auf den Mistwagen geladen, dann auf das Feld gefahren, dort wieder mit Misthaken vom Wagen heruntergerissen und gleichmäßig gehäuft auf dem Acker verteilt.

Es waren also *fünf Arbeitsgänge* nötig, die heute mit zweien erledigt werden können.

Als nächster Arbeitsbereich folgte das *Pflügen*. Der Bauer schritt tagelang hinter seinen Pferden, den Pflug am Sterz führend, über das Feld.

Nach dem Pflügen und dem Eggen folgte das *Säen*. Der schwere Säsack mit dem Saatgut hing um die Schulter. Die Saat wurde durch gleichmäßiges Auswerfen mit der Hand verstreut. Leichte Saateggen, die von nur einem Pferd gezogen wurden, deckten die Körner mit Erde zu.

Die Arbeitsgänge - das Pflügen, das zweimalige Eggen und das Säen - bedeuteten für den Bauern einen Fußmarsch von 10-12 km, um nur einen viertel ha zu bestellen.

Das *Torfstechen* im Moor war ein weiterer großer Arbeitsbereich. Torf wurde als Brennmaterial in den Häusern verwandt. Die Arbeit dauerte immer den ganzen Tag, wobei man auch die Mittagspause im Moor verbrachte.

Im Juni wurden die Wiesen geschnitten. Das *Mähen* mit der Sense begann schon sehr früh, gegen vier Uhr morgens, damit dann gegen acht Uhr das in Schwaden liegende Gras zum Trocknen auseinandergeworfen werden konnte. Das Heu häufelte man abends wieder, wenn es lagerfähig war. Erst dann wurde es mit einer drei Meter langen Forke auf den sich immer höher türmenden Heuwagen gewuchtet.

Auf dem Wagen stand die Bäuerin, auf kleinen Höfen die einzige Hilfskraft des Bauern, nahm die Bündel in Empfang und schichtete sie sorgfältig neben- und übereinander. Auf der Diele brachte man das Heu vom Wagen Forke für Forke auf den Dachboden.

Ende Juli begann die *Getreideernte*. In der heißesten Zeit des Jahres kam die schwerste Arbeit auf den Bauern zu. Zuerst mußte das Getreide mit der Sense geschnitten werden. Die geschnittenen Halme wurden von den Bindern, die den Schnittern folgten, zu Garben gebunden.

Als nächstes stellte man die Garben zu Hocken zusammen. Waren Körner und Stroh genügend getrocknet, begann man mit dem Einfahren. Die Garben türmten sich hoch auf dem Erntewagen, der von Pferden gezogen wurde und oftmals bedenklich schwankte.

Auf der Diele wiederholte sich der gleiche Vorgang wie bei der Heuernte. Die Garben wurden durch die Bodenluke von Forke zu Forke weitergegeben und auf dem Dachboden gelagert.

Die *Kartoffelernte* im Herbst beanspruchte ebenfalls wieder alle Kräfte des Hofes. Die Kartoffeln pflügte man mit dem Pflug oder einem einfachen Kartoffelroder aus, und durchwühlte dann die Furchen mit der Hand nach den Früchten. Es war eine schwere Arbeit, den ganzen Tag auf den Knien den Acker hinauf und hinunter zu kriechen und die Kartoffeln in einem Korb zu sammeln.

Im Winter wurde es auf dem Bauernhof zwar ruhiger, dennoch fiel ein großer Arbeitsgang auf jeden Fall an: Winterzeit war *Dreschzeit*. Bevor es die Dreschmaschine gab, bearbeitete man die Garben mit dem Dreschflegel. Sie wurden vom Dachboden befördert, auf der Diele ausgebreitet und so lange geschlagen, bis sich die Körner aus den Ähren lösten. Dann trennte man mit der Schaufel »die Spreu vom Weizen« und warf das Herausgedroschene in eine Dielenecke, wo sich das Korn langsam häufte.

Neben der Erntearbeit mußte natürlich noch das *Vieh* versorgt werden. Das Melken der Kühe morgens und abends, Schweinefüttern u.ä. waren meistens Frauenarbeit.

Brachte 1708 eine gute Roggenernte noch das Vierfache der Einsaat, so steigerte sich mit dem Beginn der Kunstdüngung 1908 der Ertrag auf das 10-11fache.

Wir werden uns als Menschen einer weitgehend technisierten Welt kaum vorstellen können, wie hart die bäuerliche Arbeit war, bis dann die ersten Maschinen, die zu Beginn unseres Jahrhunderts aufkamen, die Landarbeit erleichterten. Doch betraf letzteres Wandsbek nur noch geringfügig, denn Ende des 18. Jahrhunderts wurde so gut wie kein Landbau mehr betrieben im Ort.

Industrie und Wirtschaft

Grund für den Rückgang der landwirtschaftlichen Nutzung waren die in Hamburg stark expandierenden *Kattundruckereien*, die in der Stadt nicht genug Raum hatten. Die Kattune (Baumwollstoffe) begannen schon um 1700 Woll- und Leinengewebe zu verdrängen und brauchten große Flächen zum Trocknen und Bleichen.

Der Wandsbeker Gutsherr Schimmelmann kaufte den Bauern ihren Boden ab und stellte ihn einschließlich eines Darlehens für den Betriebsstart zur Verfügung. Joh.Chr.Pichel bzw. Johannes Moojer, David Rudolph Fürstenau und Cornelius Peter von Lengercke nutzten die Chance und errichteten um 1800 insgesamt fünf Kattundruckereien, die bis zu 1500 Menschen beschäftigten. In den Fabriken wurden die Stoffe gewebt, bestickt, bedruckt und gefärbt, wobei auch Kinderarbeit üblich war.

Außerdem siedelten sich zahlreiche kleinere *Handwerks-* und *Gewerbebetriebe* an: Kerzenmacher, Gerber, Tabakarbeiter, Tischler, Zimmerer, Maurer, Steinhauer, Metallarbeiter, Schuhmacher, Maler, Lohndiener, Korbarbeiter, Gerbereiarbeiter, Plätterinnen, Bäcker, Gärtner, Tapezierer, Schmiede, Buchdrucker und Lithographen.

Mit Erteilung der Fleckenrechte 1833 konnten die Wandsbeker Handwerker *Zünfte* bilden, so daß die Ausbildung von Lehrlingen, die Niederlassung als Meister und die Arbeitsordnungen einheitlicher geregelt wurden.

Vier *Ziegeleien* siedelten sich Mitte des 19. Jahrhunderts in Hinschenfelde an und beschäftigten häufig Fremdarbeiter. Helbings Kornbrennerei, Lederfabriken und Wäschereien mit mehr als 10 Beschäftigten ließen sich in Wandsbek nieder. Über 50 Beschäftigte konnten die zwischen 1870 und 1890 aufgebaute Marienthaler- und die Germania Brauerei (beide an der Neumann-Reichardt-Straße) vorweisen.

Als älteste der vielen chemischen Werke für Lacke, Öle und Farben (Temperol) ist die Firma Ruth zu erwähnen. Weitere große *Betriebe* waren die Wandsbeker Lederfabrik AG (von 1888), die Lederfabrik C.Otto Gehrken (von 1867) für Treibriemen und Lederluxusartikel, die Marmorwerke, die Kunstanstalt (vorm. G. Seitz von 1856), die Leonarwerke (Arndt & Löwengardt) für Photopapier, die Kunstlederfabrik Koch und Co. (von 1880), die Überseegummiwerke, die Metallwarenfabrik Adolph Ludolphi (von 1881) für Heiz- und Kochapparate, die Eisengießerei von Schwaermann, die Hanseatische Ver-

Den Gartenbaubetrieb Neubert übernahm Waldemar Neubert 1882 mit 7 Gewächshäusern. Durch Aufzucht und Versand von Maiglöckchen wurde die Firma weltbekannt. Sie rüstete auch Schiffe der Hamburg-Süd-Amerikanischen Dampfschiffahrtsgesellschaft mit Pflanzen aus.

Hof der Gärtnerei Neubert an der Ahrensburger Straße 4. Der Gartenbaubetrieb wurde Ende der 70er Jahre aufgegeben.
Auf der Fläche entstand eine Reihenhaussiedlung.

»Welscher wäscht Wäsche« hieß einst der Slogan der Großwäscherei auf dem Platz der ehemaligen von Lengerckeschen Kattundruckerei östlich des Mühlenteiches zwischen Bandwirkerstraße und Königsreihe.

Die Lederfabrik zwischen Holzmühlenstraße, Zollstraße und Kedenburgstraße wurde 1873 neu errichtet. Das Luetkensche Unternehmen beschäftigte 1903 rund 240 Mitarbeiter. Es stand derzeit an zweiter Stelle unter den Wandsbeker Industriebetrieben.

116

Die Gerber der Lederfabrik um 1909.

Die Arbeit in der Ziegelei war Schwerstarbeit in Hitze und Staub.

Helbings Kornbrennerei in den 30er Jahren an der Wandsbeker Zollstraße. An gleicher Stelle befindet sich heute Deutschlands größtes Hefewerk.

Die Belegschaft der Helbingschen Kornbrennerei 1896 beim Malton-Wein trinken.

Die Belegschaft des Betriebsbahnhofs des »Hamburger Strassen-Eisenbahn-Depots Wandsbek« an der Wendemuthstraße 1902.

lagsanstalt und die Zigarettenfabrik Haus Neuerburg, bis 1983 Reemtsma-Zigarettenfabrik, dann Fernmeldeamt 2 an der Walddörfer Straße.

1886 lösten Wandsbeker Malergesellen mit ihrer Forderung nach einem 10-Stundentag und 40 Pfennig Stundenlohn trotz des Sozialistengesetzes von 1878 (Auflösung sozialdemokratischer Bestrebungen und Vereine) eine *Streikwelle* aus.

Gewerkschaftliche Organisationen entstanden: Der Plätterinnenverein (1890), der Bäckergesellen- (1892), der Holzarbeiter- (1895), der Handlungsgehilfen-, der Gärtnereiarbeiter- und der Fabrik- und Hilfsarbeiterverband (1899).

Vor der Jahrhundertwende gab es in Wandsbek viele *Zigarrenarbeiter*, die in Heimarbeit produzierten. Welche Arbeitsbedingungen dabei herrschten, macht der Bericht von 1880 eines Fabrikinspektors deutlich:

»Die Hausindustriellen nämlich [...] arbeiten bald in Kellern, bald unter dem Dache, oft in kleinsten Räumen zusammengepfercht bei geschlossenen Fenstern ohne jede Ventilationsvorrichtung [...]. Über den Köpfen der Arbeitenden sind mit Leinwand bespannte Holzrahmen angebracht, auf denen der zu verarbeitende Tabak den erforderlichen Grad von Trockenheit bekommen soll, und an den Wänden und Thüren steht in großen Tropfen das Schweißwasser. Die Luft war des Abends für den inspicierenden Beamten oft überwältigend vor Ekel...«.

Helbings Kornbrennerei und der Helbinghof
Samuel Ernst Helbing wurde um 1760 von Heinrich Carl von Schimmelmann aus Dresden nach Wandsbek gerufen und bekam die Gutsbrauerei in Erbpacht. Er kaufte 1789 die Brauerei

an der Hopfenkarre. Sie wurde 1801 dem Sohn Carl Mathias übertragen. Dessen Sohn Johann Peter Hinrich gründete 1836 die Kornbrennerei in der Mühle am Holzmühlenteich. Sein Sohn Christoph Heinrich feierte 1886 50jähriges Firmenjubiläum mit mehr als 400 Arbeitern. Die Hefeproduktion war dazu gekommen und der Betrieb führend in der Branche in Europa. Da Heinrich Helbing kein Testament hinterließ, schieden die Familienmitglieder aus dem inzwischen als »Dampfkornbrennerei und Preßhefefabriken AG« firmierten Betrieb 1899 aus.

Heinrich Helbing kultivierte ein Landstück nördlich der Osterbek und legte den Sophienhof an. Der Lomerhof (Gelände des Bundeswehrkrankenhauses) wurde mit dem Sophienhof zum Helbinghof vereinigt. Der aus der Produktion der Wandsbeker Fabrik gedüngte Boden diente der Ochsenmast (über 150 Ochsen wurden gemästet) und über 100 Kühe lieferten Milch nach Hamburg.

Die Wandsbeker Brennerei wurde nach starker Zerstörung 1943 wiederaufgebaut und ist heute größter deutscher Hefeproduzent.

Wandsbeker Schokolade - weltberühmt

Das Reichardt Schokoladen-Werk
Nach Chronistenmeinung befand sich zu Beginn des 20.Jahrhunderts der bedeutendste Rohkakaomarkt der Erde in Hamburg. Da war es naheliegend, das Reichardt-Kakao-Werk 1890 von Halle/Saale nach Wandsbek zu verlegen: Es lag zwischen Morewood-, Zoll-, Neumann-Reichardt- und Von-Bargen-Stra-

ße. 1906 war es Wandsbeks größter Betrieb und das größte deutsche Kakao- und Schokoladenwerk mit bis zu 4000 Mitarbeitern. Das Werk galt für damalige Verhältnisse in seinen sozialen Einrichtungen als vorbildlich.

Es wurde 1928 an die Stollwerk-Gruppe verkauft und der Betrieb verlagert. Das hatte in Wandsbek viele Arbeitslose zur Folge. Heute befinden sich auf dem ehemaligen Fabrikgelände u.a. Produktionsbetriebe der Printmedien und Ausbildungsstätten.

Vom Stockmann-Werk zur Nestlé Deutschland AG

Das Gelände und die Keller der 1870 teilweise mit Hilfe französischer Kriegsgefangener erbauten Marienthaler Brauerei kaufte Herbert Stockmann nach der Währungsreform 1948. Die Brauerei befand sich an den heutigen Straßen Effingestraße/Am Neumarkt.

Stockmann stellte Fachleute vom Reichardt-Werk ein und fertigte zunächst Marzipan-Glückskugeln und Brotaufstrich von Apfelmark, da noch keine Kakaobohnen verfügbar waren. Nach dem Krieg kamen die Marmeladen-, Backpulver-, Puddingpulverherstellung und Nährmittel verschiedenster Art hinzu. Als erste Marke erlangte das »Hamburger Fruchtbrot« - eine Fruchtschnitte - Bekanntheit.

1949 wurde ein Schokoladenersatz in Ermangelung von Kakaobohnen aus Sojamehl, Zucker, Fett und Milchpulver entwickelt und als »Stockolade« verkauft. Als das Fett durch Kakaobutter ersetzt werden konnte und Kakaobohnen erstmals wieder zur Verfügung standen, begann die Schokoladen-Ära mit der »Stockmann-Schokolade«.

Alte Produktionsmaschinen aus dem Berliner Stockmann- und aus dem benachbarten Reichardt-Werk wurden beschafft, um der großen Nachfrage gerecht zu werden.

1964 erwarb die damalige Rowntree Ltd., York/England die Mehrheit der Gesellschaftsanteile an der Stockmann Werk KG. Nach und nach wurden Stockmann-Produkte durch Rowntree-Marken ersetzt und produktionstechnisch ausgebaut:

1965 begann man mit der Verlagerung der Smarties-Herstellung von Amsterdam nach Hamburg und installierte in einem kleinen Nebengebäude eine Instantanlage.

In der 1966-67 errichteten Shedhalle konnte die erste After Eight-Anlage in Betrieb genommen werden. Im Nordteil des Gebäudes kam ein Products-Labor hinzu. 1968 wurde die erste Matchmakers-Anlage, 1969 eine zweite After Eight-Anlage und 1969-70 das Kitkat-Gebäude errichtet, um die damaligen EWG-Länder zu beliefern.

Nach der Fusion der Unternehmen Rowntree und Mackintosh firmierte man 1969 um in Rowntree Mackintosh GmbH für die Produktion und Stockmann Rowntree Mackintosh GmbH für den Vertrieb. Der Stockmann Jahresumsatz von 23,5 Mio DM in 1964 stieg im umstrukturierten Betrieb auf 71,8 Mio DM in 1970.

Es folgten 1974 eine Choco Crossies-Anlage und in der zweiten Hälfte der 70er Jahre der Bau eines Hochregallagers mit einem vorgelagerten Versandzentrum, über dem Büros und eine moderne EDV-Abteilung angesiedelt wurden. Die Übernahme der »Rolo«-Produktion aus England 1979 brachte ein weiteres bekanntes Markenprodukt in das Wandsbeker Werk.

Das einstige Stockmann-Werk in den 40er Jahren von den Gleisanlagen aus gesehen.

122

Die heutige Werksanlage der Nestlé Chocoladen GmbH an der Efftingestraße in Wandsbek.

Das Reichardt-Schokoladen-Werk zwischen der heutigen Neumann-Reichardt-Straße, Morewood-, Zoll- und Von-Bargen-Straße.

Nach dem Ende der gesellschaftsrechtlichen Trennung von Produktionsgesellschaft und Vertrieb hieß die Rowntree-Tochter in Hamburg-Wandsbek ab 1985 »Rowntree Mackintosh GmbH«.

Größere Konzerne versuchten, die GmbH zu übernehmen. Nestlé/Vevey konnte die Aktienmehrheit erlangen, so daß es zum Zusammenschluß beider Firmen kam. Die Rowntree Makkintosh GmbH Hamburg wurde 1990 unter dem Dach der Nestlé Deutschland AG mit der Traditionsmarke Sarotti zur neuen Nestlé Chocoladen GmbH umfirmiert.

An den zuvor erwähnten Markenartikeln ändert sich jedoch nichts: Der Verbraucher kann weiter in den Genuß der bekannten Produkte aus dem Wandsbeker Werk kommen.

Die Volksbank Hamburg Ost-West eG in Wandsbek

Wirtschaftliche Transaktionen, Investitionen, Geldanlagen und den normalen Zahlungsverkehr erleichtern bzw. ermöglichen Banken. Als Geldinstitut hat die Wandsbeker Volksbank eine lange Tradition in Wandsbek: 1870 gründeten Kaufleute und Handwerker auf genossenschaftlicher Basis einen Vorschußverein. Die Firmierung lautete »Vorschuß-Verein zu Wandsbek eingetragene Genossenschaft«.

In der heutigen Wandsbeker Marktstraße wurden die Geschäftsräume bezogen, mit werktäglichen Kassenstunden von 10.30-12.30. Im ersten Geschäftsjahr konnten bereits 10 % Dividende an die genossenschaftlich verbundenen 278 Mitglieder ausgeschüttet werden.

1874 wurde Valentin Jung als Direktor in den Vorstand berufen. Als Handwerker nach Wandsbek gekommen, dann selbständiger Unternehmer geworden, hatte er die Gründung des Geldinstituts maßgeblich vorangetrieben und sich innerhalb des Hauses zum Direktor hochgearbeitet.

Das heutige Bankgrundstück an der Wandsbeker Marktstrasse 99 wurde mit Geschäftshaus 1891 erworben und 1892 der genossenschaftliche Vereinsstatus abgeändert. Als neue Firmierung wählte man »Wandsbeker Bank Eingetragene Genossenschaft mit beschränkter Haftpflicht«.

Diese Veränderungen gründeten sich auf den zuversichtlich stimmenden Abschluß des Jahres 1890 mit einer Bilanzsumme von über 2 Millionen Mark.

Das Ansteigen des Geschäftsvolumens führte 1900 zur Eröffnung einer Zweigstelle als »Depositenkasse« in der Wandsbeker Zollstraße, Ecke Holzmühlenstraße. Das Grundstück wurde 1917 gekauft.

Durch die Inflation und Wirtschaftskrise manövrierte sich die Wandsbeker Volksbank eGmbH mit Vorsicht relativ unbeschadet hindurch. Der Zweite Weltkrieg zerstörte auch das Hauptgebäude der Bank. 1953 wurde umfirmiert in »Wandsbeker Volksbank eGmbH« und die Räume des Neubaus in der Marktstraße 99 bezogen.

Die Wandsbeker Volksbank fusionierte 1980 mit der Altonaer Volksbank zur Volksbank Hamburg Ost-West eG, um durch eine breitere Kapitalbasis zu einer größeren Wettbewerbsfähigkeit zu gelangen.

1891 wurde das Geschäftshaus an der Wandsbeker Marktstraße 99 vom damals unter Wandsbeker Volksbank eGmbH firmierenden Geldinstitut gekauft.

Auch heute noch ist hier der Sitz - im Neubau von 1953 - der 1980 in Hamburger Volksbank Ost-West eG umfirmierten Bank.

Ernst Karstadt begann mit einem kleinen unscheinbaren Haus, das sich auf dem heutigen Platz des Warenhauses in Wandsbek befand.

Als Bruder von Rudolph Karstadt, dem Gründer des größten europäischen Warenhauskonzerns, baute er die Filiale bis zur Jahrhundertwende auf und beschäftigte bald 25 Angestellte.

Rudolph Karstadt eröffnete bereits 1881 ein Geschäft in Wismar/Mecklenburg mit 1000 Thalern, einem Möbelwagen voll Ware und einem Angestellten.

Seine bahnbrechende Geschäftspolitik mit billigen, aber festen Preisen und Barzahlung brach mit der bis dahin üblichen Praxis im Einzelhandel, in der Preise verhandelt und Zahlungen angeschrieben wurden. Dadurch konnte er genauer kalkulieren und die für günstige Einkaufskonditionen notwendige Liquidität schaffen.

Bis 1893 hatte er insgesamt 7 Filialen aufgebaut. 13 Geschäfte in Pommern, Mecklenburg und Hamburg übernahm er 1900 von seinem Bruder Ernst, der in finanzielle Schwierigkeiten geraten war. Darunter befand sich vermutlich auch die Wandsbeker Filiale, doch ist dies Übernahmedatum zeitlich nicht sicher.

Mitte 1920 fusionierte die Rudolph Karstadt AG mit der Theodor Althoff KG. Eine stürmische Expansion erfolgte im nächsten Jahrzehnt durch die Erweiterung bestehender und Übernahme weiterer Filialen: Das kleine einstöckige Gebäude in Wandsbek wich dem großen Karstadt-Neubau. Es wurde 1924 fertiggestellt.

Zahlreiche Produktionsbetriebe, hauptsächlich im Textil-, Möbel- und Lebensmittelbereich gliederte man dem Warenhaus-Unternehmen an. 1931 betrieb die Rudolph Karstadt AG bereits 89 Filialen im Reichsgebiet.

Die NS-Programme gegen Warenhäuser bzw. zum Schutz des deutschen Einzelhandels und die Kriegsereignisse führten zu erheblichen geschäftlichen Einbrüchen - nicht jedoch zum Einbruch des KARSTADT-Wandsbek-Hauses: Als nahezu einziges Wandsbeker Gebäude überstand es die Bombenangriffe.

Im Zuge des wirtschaftlichen Aufschwungs und der wachsenden Kundenzahl wird das Wandsbeker Haus vergrößert neu aufgeteilt und gestaltet. Die Verbreiterung der Wandsbeker Marktstraße ließ den Umbau der Arkaden notwendig werden. So entstand die moderne heutige Passage, von der man beinahe automatisch in die Verkaufsräume mit 15 000 qm Fläche gelangt.

1990 betreuen rund 800 Mitarbeiter die Sortimentsbereiche der KARSTADT AG (Umfirmierung 1963) in Wandsbek mit ca. 200 000 Artikeln.

KARSTADT am Wandsbeker Markt um 1936 schon Einkaufsmetropole für Wandsbek und die umliegenden Stadtteile.

Da das KARSTADT-Haus von den Zerstörungen des Zweiten Weltkriegs als eines der wenigen Gebäude in Wandsbek verschont blieb, entspricht die heutige Fassade bis auf den Arkaden-Neubau im Zuge der Verbreiterung der Wandsbeker Marktstraße dem Zustand von 1936.

Die Kirchengemeinden

Es ist unsicher, ob Wandsbek vor Gründung seiner ersten Gemeinde nach Altrahlstedt oder nach St. Jacobi in Hamburg eingepfarrt war. In der Wandesburg unter dem Gutsherrn Heinrich Rantzau wurden die ersten Gottesdienste abgehalten.

1623 kam als erster Pastor Georg Kaufmann nach Wandsbek. Das erste Pastorat mit Gemeindesaal wurde in den »Königshäusern« an der heutigen Königsreihe eingerichtet.

1634 errichtete man die Dreifaltigkeitskirche, ein Fachwerkbau ohne Kirchturm, der aber 20 Jahre später auf der Westseite folgte.

Auf der Freifläche neben der heutigen Christuskirche entstand 1800 eine neue Kirche mit klassizistisch rechteckigem Saalbau. Das neue Kirchenschiff wurde an den vorhandenen Kirchturm angebaut.

1898 zerstörte ein Feuer, aus ungeklärter Ursache entbrannt, die Kirche, so daß 1901 ein dritter Kirchenbau im neugotischen Stil am Wandsbeker Markt folgte.

Hinschenfelde bekam an der eigens dafür geschaffenen Kedenburgstraße seine Kreuzkirche, doch gab es schon vorher ein Pastorat und einen Kirchsaal am Hinschenfelder Dorfplatz.

Nach der Zerstörung im Zweiten Weltkrieg wurde die Christuskirche 1954 wieder aufgebaut. Die evangelische Kirchengemeinde Wandsbek teilte man 1948 in die Gemeinden der Christuskirche und der Kreuzkirche auf.

Die Kreuzkirchengemeinde wurde weiter unterteilt in die Kirchengemeinde Jenfeld, die Kirchengemeinde Tonndorf, die Kirchengemeinde St. Stephan (Gartenstadt, Kirche 1956, Turmbau 1960) und die Emmaus-Kirchengemeinde (Hinschenfelde, 1965 aus Teilen der Kreuzkirchengemeinde und der Kirchengemeinde Farmsen gebildet).

Die *Katholische Kirchengemeinde Wandsbek* wurde 1895 amtlich ins Leben gerufen. Erster Seelsorger war Pfarrer Bernard Brink. 1904 legte man den Grundstein zur St. Joseph-Kirche in der Witthöfftstraße, weil der Platz in der am gleichen Ort befindlichen Kapelle nicht mehr ausreichte.

Vier weitere Pfarreien wurden von der St. Joseph-Gemeinde Wandsbek abgeteilt: St. Paulus-Billstedt (1911), St. Marien-Rahlstedt (1951), St. Marien-Ahrensburg (1949) und St. Agnes-Tonndorf (1966).

Die 1800 erbaute Kirche mit klassizistisch rechteckigem Saalbau brannte 1898 aus ungeklärter Ursache ab.

1901 wurde die neue Christuskirche im neugotischen Stil geweiht. Der Zweite Weltkrieg zerstörte auch diese Kirche.

Die Christuskirche wurde nach der Zerstörung 1954 mit einem südlich stehenden Turm wieder aufgebaut.

Schule

Wandsbeks *erster Lehrer* war in Verbindung mit der Kirchengründung 1634 der Küster Jürgen Middel. Er unterrichtete in einem nicht mehr bestehenden Hinterhaus an der Wandsbeker Marktstraße. Ein erstes Schulgebäude entstand um 1780 an der Ecke Königsreihe/Klappstraße.

1840 wurde eine Schule für Jungen zwischen den beiden Schulstraßen errichtet. Bald darauf kam eine Schule für Mädchen zwischen Göckerstraße und Klappstraße hinzu. In diesen Volksschulen unterrichteten um 1870 fünfzehn Lehrer bei einem Klassendurchschnitt von 76 Kindern. Hinschenfelde bekam 1858 ein Schulgebäude an der Walddörferstraße, doch hielt ein Knopfmacher schon vorher Unterricht ab.

1871 wurde die Mittelschule am Lärmberg gegründet und 1873 kam ein sechzehnklassiges Schulhaus am Keßlersweg hinzu. Es wurde später als Mädchen- und Knabenschule genutzt. 1875 wandelte man die Mittelschule am Lärmberg in ein Vollgymnasium um. 1877 erhielt die Mittelschule ein Schulgebäude am Quarree.

Oberbürgermeister Rauch weihte 1888 das Matthias-Claudius-Gymnasium am Marktplatz ein. 1902 entstand die Volksschule an der heutigen Königsreihe (zerstört) und 1929 die Volksschule an der Bovestraße. Als erste städtische höhere Mädchenschule kam 1916 das Lyzeum (heute Charlotte-Paulsen-Gymnasium) hinzu.

Eine höhere Schule zu besuchen war für Arbeiterkinder wegen der Kosten nahezu unmöglich. Sie mußten mit für den Lebensunterhalt sorgen. Fabrikarbeit, Tabakblätter-Entrippen, Brot- und Milchaustragen, Zeitungsaustragen und Laufburschenarbeit waren gering entlohnte Tätigkeiten, die meist vor und nach der Schule, aber auch anstelle des Nachmittagsunterrichts ausgeübt wurden.

Auch Kinder unter 10 Jahren trugen häufig zum Broterwerb bei. 1901 war die Schulpflicht mit Vollendung des 14. Lebensjahres beendet.

Bildungsreformen verbesserten die Bildungs- und Berufschancen für bis dahin benachteiligte Arbeiterkinder. 1970 führte man die 5-Tage-Woche ein. Die Schule nimmt heute eine überragende Stellung im Leben eines schulpflichtigen Kindes ein.

Zeugnisse und Noten spielen eine immer wichtigere Rolle für die spätere Berufslaufbahn angesichts knapper werdender Ausbildungs- und Arbeitsplätze in bestimmten Bereichen. Kinder müssen heute anstelle der ehemals körperlich schweren Arbeit auf dem Bauernhof und in den Fabriken Konkurrenz und Leistungsdruck bewältigen.

Die wohl bekannsteste Schule in Wandsbek, das Matthias-Claudius-Gymnasium um die Jahrhundertwende.

Das Wandsbeker Kultur- und Vereinsleben

Die Nachbarschaft im Dorf der vorindustriellen Zeit war die erste und wichtigste Gemeinschaftsform. Als innerdörfliches Sozialgebilde mit langer Tradition entstand sie als Not- und Hilfsgemeinschaft nebeneinanderliegender Höfe. Nachbarn halfen einander bei Krankheits- und Todesfällen, bei Hausbauten und in der Erntezeit. Bei Hochzeiten, Kindtaufen u.a. bildeten Nachbarn eine Feiergemeinschaft.

Organisierte Gemeinschaftsformen ergänzten die traditionellen nachbarschaftlichen Beziehungen. Mit Anbruch des Industriezeitalters in Wandsbek bildeten Arbeiter Fachvereine und Gewerkschaften. Aber auch Sport- und Gesangsvereine entstanden nebst anderer kultureller Freizeit-Gestaltungsmöglichkeiten.

Einzelne Persönlichkeiten wie Matthias Claudius und Tycho Brahe (siehe Kapitel »Wandsbek in den Wirren der Geschichte«) leisteten international anerkannte Beiträge zu Kultur und Wissenschaft.

Matthias Claudius

Durch sein Abendlied »Der Mond ist aufgegangen ...« ist uns Matthias Claudius bekannt und als »Wandsbecker Bothe«, wie er sich selbst nach dem Lokalblättchen nannte, das er von 1771-75 herausgab und dem er durch Beiträge von Herder, Lessing, Goethe, Klopstock, Voß und Stolberg hohes literarisches Ansehen verschaffte.

Mit dem Namen »Asmus omnia sua secum portans« (»Asmus, der alles, was sein ist, mit sich trägt«) zeichnete er seine eigenen Beiträge.

Den gemütstiefen liedhaften Dichter nannte Herder seiner heiter-frommen Kindlichkeit wegen einen »Knaben der Unschuld«. Seine Lyrik, aber auch seine Erzählungen und Betrachtungen, die er im »Wandsbeker Bothen« veröffentlichte, wurden durch ihre innige Schlichtheit volkstümlich.

Der am 15.8.1740 in Reinfeld bei Lübeck geborene Pfarrerssohn studierte zunächst Theologie in Jena, dann Rechts- und Staatswissenschaften. Er lebte als Sekretär und Journalist in Kopenhagen und Hamburg und schließlich in Wandsbek in einem Haus an der Wandsbeker Marktstraße (heute Reformhaus und Buchhandlung).

Der stete Geldmangel nach seinem Fortgang vom »Wandsbeker Bothen« - Zwistigkeiten zwischen Claudius und seinem

Verleger Bode waren der Grund, die Zeitung ging daraufhin 1775 ein - endete erst mit der Ernennung zum (jährlichen) Revisor der »Schleswig-Holsteinischen Bank in Altona«.

Die letzten Lebensjahre verbrachte Claudius bei seinem Schwiegersohn Perthes am Jungfernstieg, um in der Nähe seines Hausarztes zu sein, wo er am 21.1.1815 starb. Neben der Wandsbeker Christuskirche wurde er beigesetzt. Sein Vermächtnis verwaltet und erforscht die *Claudius-Gesellschaft. e.V.* mit Sitz im Matthias Claudius Gymnasium.

»Harmonie« und Stadttheater

In Reisners Stadttheater und Ballsälen an der Schloßstraße 4 spielten sich Wandsbeks kulturelle Höhepunkte und rauschende Feste ab. Auf der Bühne stand meist eine Truppe des Harburger Stadttheaters. Das Publikum bestand überwiegend aus Bewohnern Marienthals, Ladenbesitzern, Handwerksmeistern und Beamten mit ihren Familien.

Im »Harmonie« gab es für ein breiteres Publikum Darbietungen. Es diente auch als Versammlungsraum sozialistischer Gruppierungen, was Bürger- und Kriegervereine nicht davon abhielt, dort ihre Feste zu feiern.

Die Wandsbeker Theatertradition setzt heute das Altonaer Theater mit Gastspielen im Gemeindesaal der Christuskirche fort.

Heimatmuseum

Das Heimatmuseum in der Böhmestraße 20 stellt Bilder und historische Relikte für die Öffentlichkeit aus. Es ist gleichzeitig Treffpunkt vieler Wandsbeker, die hier den Spuren der Geschichte folgen und selbst mit ihrer Erinnerungsgabe dem heimatkundlichen Forscher auf die Sprünge helfen.

Männergesangverein Einigkeit von 1888

1860 gründete sich im Lokal Schwarzer Bär die *Matthias-Claudius-Liedertafel*, aus der 1866 alle Tabakarbeiter austraten um die *Liedertafel Urania* zu gründen. Im Jahr darauf entstand das *Harmonie-Quartett*. So entstanden bis zur Jahrhundertwende allmählich insgesamt 10 Gesangsvereinigungen, von denen nur der *Männergesangverein Einigkeit von 1888* übriggeblieben ist. Aus dem Zusammenschluß des *Männergesangvereins Einigkeit von 1888* mit dem *Liederkranz Einigkeit von 1891* ging er hervor und ist heute noch recht aktiv.

Die Brand- und Schützengilde

1637 gründete Bernd von Hagen zum Schutz vor im 30jährigen Krieg herumziehenden plündernden Banden die Brandgilde. Aus ihr hatte sich die *Freiwillige Feuerwehr Wandsbek* 1871 gegründet und der Wandsbeker Schützenverein (*heute: Wandsbeker Schützengilde von 1937 e.V.*) entwickelt. Mit der Eingemeindung Wandsbeks nach Hamburg 1937 wurde die Freiwillige Feuerwehr aufgelöst und die *Berufsfeuerwehr* übernimmt bis heute die Brandbekämpfung und Hilfeleistung bei Schadens- bzw. Unfällen.

Der Wandsbeker Turnerbund von 1861

Der Wandsbeker Turnerbund hatte schon in der Anfangsphase 106 Mitglieder. Mit 800 Mitgliedern bietet er heute nicht nur

Turnen, sondern insgesamt 10 Sportarten an: U.a. Schwimmen, Volleyball, Tischtennis, Leichtathletik.

Der Wandsbeker Männerturnverein von 1872 e.V.
Gesellschaftliche Spannungen führten zur Abspaltung des Männerturnvereins vom Turnerbund. Dem Verein gehörten zunächst vorwiegend Arbeiter und Handwerker an, die das 18. Lebensjahr vollendet hatten.

Heute zählt der Verein um 1000 Mitglieder - auch weibliche - und bietet Breitensport, Handball, Gymnastik, Jazz-Gymnastik, Aerobic, Tischtennis und Senioren-Gymnastik an.

Der TuS von 1881 Wandsbek e.V.
Gegensätzliche Auffassungen über parteipolitische und gewerkschaftliche Bindungen führten 1881 zur Abspaltung der *Wandsbeker Turnerschaft*, dem heutigen *TuS von 1881 Wandsbek e.V.*

Der Verein hat heute rund 3000 Mitglieder, die einem breiten Sportangebot nachgehen: U.a. Fußball, Gymnastik, Handball, Kampfsport, Leichtathletik, Schwimmen, Seniorensport, Tennis, Volleyball.

Die Hinschenfelder Turnerschaft von 1890 e.V. gründete sich und hat heute 450 Mitglieder, die sich in Breitensport, Turnen, Jazz-, Senioren-Gymnastik und Ballett üben. Ein Jahr später kam der **Hinschenfelder Sportverein von 1891 e.V.** hinzu und betreibt Ringen und Gewichtheben.

Der SC Concordia von 1907 e.V.
Der Sport-Club hatte schon von Anbeginn seine Wurzeln in Marienthal und begann mit 17 Mitgliedern seine Aktivitäten. Mit heute 1500 Mitgliedern liegt sein Schwergewicht nach wie vor auf Fußball. Handball, Volleyball, Tennis, Kampfsport, Gymnastik- und Integrationssportgruppen für Behinderte ergänzen das Programm.

Weitere Fußball-Vereine, die heutzutage nicht nur Fußball anbieten, sind der **Wandsbeker Fußball-Club von 1910 e.V.** mit 900 Mitgliedern, die sich u.a. dem Handball, Volleyball, Tennis und der Gymnastik widmen und der **Hinschenfelder Fußball-Club von 1923 e.V.**, der seinen 630 Mitgliedern außer Fußball Gymnastik, Tischtennis, Volleyball, Tanzen und Hapkido bietet.

Zu erwähnen bleiben noch die vielen Gastwirtschaften in Wandsbek, die den sozialen Kontakt seit alters her in vielerlei Hinsicht fördern - angefangen beim Wein- und Bierausschank durch den Gutsgärtner unter Heinrich Rantzau an Gäste des Gutes bis heute. Auch die Kirchenchöre und -Orchester, Schulchöre, -Orchester und -Bands bauten Kontakte auf und halfen sie pflegen, damals wie heute.

Der Männergesangverein Einigkeit von 1888 rastet auf einer Schinkentour nach Blankenese 1911.

Die Freiwillige Feuerwehr mit Feuerwehr-Hauptmann Böhme (rechts außen) um 1910.

Die Jungs vom Wandsbeker Fußball-Club von 1910.

Die Mädels vom TuS von 1881 Wandsbek e.V.

Eilbek

Hinweise, die auf die Gründungszeit schließen lassen, liegen bisher nicht vor. Erstmals *urkundlich* erwähnt wird Eilbek 1247.

Das *Hamburger Hospital zum Heiligen Geist* (Ordensgemeinschaft zur Kranken- und Armenpflege am Rödingsmarkt) kauft in diesem Vertrag von den Rittern Georg von Hamburg und Albrecht Ritzerau drei Vollbauernhöfe (Hufen) an der Eylenbeke.

Den Kauf bestätigt der Lehnsherr der beiden Ritter, der Schauenburger Graf Johann von Holstein und Stormarn 1287. Des weiteren taucht der Name Eilbek in Verbindung mit dem ebenfalls dem Heiligen-Geist-Hospital unterstehenden Barmbek auf.

Das Spital wird 1529, während der Reformation, den *zwölf Oberalten* zur Verwaltung übergeben. Die Oberalten haben alle Rechte und Pflichten eines Grundherrn und sind Staatspersonen.

Zur Aufrechterhaltung von Ruhe und Ordnung setzten sie einen Vogten ein. 1652 gibt es bereits einen Schmied in Eilbek, der die Fuhrwerke auf dem Weg nach Lübeck und Schwerin betreut.

Nach der sogenannten *Franzosenzeit* (1810-15, siehe Kapitel Wandsbek in den Wirren der Geschichte) beginnt eine langsame Besiedlung Eilbeks, denn Hamburger Bürger und Handwerker drängen aus der eng gewordenen Stadt heraus.

1830 ordnet Hamburg seine Verwaltung neu und Eilbek wird mit Barmbek zu einer *Vogtei* im Hamburgischen Landgebiet der Geestlande umgewandelt.

Das Hospital behält seine Ländereien in Eilbek als Privatbesitz weiter, veräußert sie aber später als Bauland, um mit den Einnahmen den (Wiederauf-) Bau von Kirchen, Krankenhäusern usw. zu ermöglichen.

290 Einwohner hat Eilbek 1841. 1854 wird die Eilbek kanalisiert und 1856 trennt man die Ortschaft Eilbek von der Vogtei Barmbek, um sie mit dem bis dahin zu Hamm gehörenden Peterskamp und dem Roßberg (kleine Erhebung südlich der Wandsbeker Chaussee) zur *selbständigen Vogtei* Eilbek zu erheben.

Das heutige *Allgemeine Krankenhaus Eilbek*, die damalige Nervenheil-, Heil- und Pflegeanstalt Friedrichsberg, wird 1861 erbaut. 1864 setzt die Erschließung des *Hasselbrook-Viertels* ein, dem Waldgebiet und adeligen Jagdrevier im Mittelalter.

Mit Namen von Dichtern und Denkern entsteht ab 1867 ein Wohnviertel und ab 1874 das sogenannte Auenviertel. Das Hospital zum Heiligen Geist muß sich 1882 in sein Gebäude an der Richardstraße verlagern.

Eilbek bekommt Vorortcharakter und wird 1894 durch Gesetz der hamburgischen Verwaltung eingegliedert, also *Stadtteil*. Neu festgesetzte Grenzen verliefen nun entlang dem Eilbekkanal, der alten Wandsbeker Grenze, der Eisenbahnlinie Hamburg-Lübeck und dem Straßenzug Landwehr/Wartenau. Die Einwohnerzahl wuchs von 1895 mit 24.611 bis 1920 auf 59.130 Personen.

Kirchlich gehört Eilbek bis 1629 zu St. Jacobi. Mit der Erhebung der Hospitalkirche St. Georg zur Mittelpunktkirche (Parochialkirche) des östlich der Stadt liegenden Raumes wird auch Eilbek mit Barmbek, Hamm, Borgfelde und Hohenfelde dieser zugeteilt.

Mit Einweihung der Hammer Kirche wird der südlich der Landstraße gelegene Teil 1693 der neuen Hammer Kirche zugeordnet.

Mit der Einweihung der Eilbeker Friedenskirche an der Ecke Papen-/Ritterstraße 1885 bekommt Eilbek seine eigene Kirche,

nachdem der Ort kurz vorher eine selbständige Kirchengemeinde geworden war.

Nach langer Bauphase erfolgt 1920 die Einweihung der Versöhnungskirche im Eilbektal. Ihren Turm erhält sie erst 1925 und wird gleichzeitig selbstständige Kirchengemeinde.

Die Friedhofskapelle, 1863 im neugotischen Stil erbaut, wird 1962 als Osterkirche eingeweiht. Die Eilbeker Kirchen gehören zum Kirchenkreis Alt-Hamburg, Bezirk Ost.

Im Zweiten Weltkrieg wird Eilbek total zerstört. Gaben zuvor Ein- und Mehrfamilienhäuser dem Stadtteil sein Gesicht, so wird mit mehrgeschossigen uniformen Bauten dem Wohnraumproblem Rechnung getragen. 1987 hat Eilbek 19 324 Einwohner.

Blick in die Wandsbeker Chaussee Richtung Hamburg-City von der Ecke Hammer Straße/Wandsbeker Chaussee um 1933.

Keine Spur von den alten Fassaden mehr nach dem Wiederaufbau. Der Krieg ließ kaum einen Stein auf dem anderen.

Die Jungmannstraße heißt heute Ruckteschellweg.

Der einstige Straßenverlauf, von der Wandsbeker Chaussee aus gesehen, ist noch gut zu erkennen.

Die Wandsbeker Chaussee, höchstwahrscheinlich Ecke Ritterstraße, Richtung Wandsbek um 1935.

Der Blick von der Ritterstraße entlang der Wandsbeker Chaussee, wie er den Passanten 1990 vertraut ist.

Die Wandsbeker Chaussee, Ecke Richardstraße, Richtung Hamburg-Innenstadt mit der Polizeiwache um 1910.

Auch hier sind keine Spuren der Vergangenheit mehr zu erkennen.
Die Wohnraumerstellung und die Verkehrsbewältigung prägen das Aussehen der viel befahrenen Straße.

Die Wartenau, Ecke Wandsbeker Chaussee, um die Jahrhundertwende fotografiert.

152

Hier liegt die Grenze zum Stadtteil Hohenfelde. Das rechte Gebäude ist erhalten geblieben, obwohl die Fassade sich etwas verändert hat.

Der Hasselbrook-Bahnhof an der Hasselbrookstraße steht heute noch nahezu unverändert wie einst.

154

Wie schon auf dem vorhergehenden Farbfoto im Mittelteil des Buches das Eilbektal, hier in einer historischen Aufnahme mit der Versöhnungskirche im Hintergrund, die 1920 eingeweiht und 1925 ihren Turm erhielt.

Der Eilbekkanal Richtung Wandsbek. Im Hintergrund die Brücke über die Richardstraße.

Quellenverzeichnis

Bezirksamt Wandsbek: Wandsbek, Informationsschrift des Bezirksamtes, Hamburg

Bürgerverein Fuhlsbüttel, Hummelsbüttel, Klein-Borstel, Ohlsdorf von 1897 e.V.: Das Alstertal, (M+K Hansa-Verlag) Hamburg 1977

Dammann, H.-J.u.Uwe: Apensen - früher und heute, Apensen 1983

Koch, H.K.: Schleswig-Holstein, (DuMont Buchverlag) Köln 1977

Hinrichsen, Hermann: Vergangenes aus Eilbek und Hohenfelde, Hamburg

Hoppe, U./Plambeck, P.: Leben und Arbeiten in Wandsbek um die Jahrhundertwende, (Bezirksamt Wandsbek) Hamburg 1984

Kinder,H./Hilgemann,W.: dtv-Atlas zur Weltgeschichte,Bd.1/2, München 1966

Mietergemeinschaft Steilshoop: Die alten Eichen stehen noch, Hamburg 1983

Plat, Wolfgang : Wandsbek - Ein Bilderbuch, Hamburg 1986

Pohlmann, Joachim: Wandsbek - Bilder von gestern und heute, Hamburg 1979

Röpke, Geor-Wilhelm: Zwischen Alster und Wandse, Hamburg 1985/1986

Scharff, Alexander: Schleswig-Holsteinische Geschichte - ein Überblick, (A.G. Ploetz-Verlag) Würzburg 1966

Schubert, Uwe: Bramfeld (Steilshoop) im Wandel, Hamburg 1989

Seeler, S.u.I.: Bramfeld, (Verlag Otto Heinevetter) Hamburg 1988

Stadtteilarchiv Bramfeld e.V.: Erinnern Sie sich?, Hamburg 1986; Vom Rhabarberfeld zum Reihenhaus, aus: Stadtteilrundgänge Hamburger Geschichtswerkstätten, Hamburg 1989; Im Stadtteil unterwegs, Hamburg 1989

Diverse Presseinformationen, Werbebroschüren, Fest- und Jubiläumsschriften der behandelten Einrichtungen, Betriebe und Vereine

Nachschlagewerke:

Das Wissen des 20.Jahrhunderts, Rheda 1971

Der Volks-Brockhaus von A-Z, Wiesbaden 1982

Großes Handlexikon in Farbe, Gütersloh 1979

Bildnachweis:

Fotos neu:
Reinhard Hentschel S. 151, 149, 130, 91, 89, 87, 53, 49.
Karl-Heinz Otto S. 133, 76, 63, 45.
Stefan Bülow S. 147, 71.
Uwe Schubert S. 153, 145, 127, 109, 107, 105, 103, 101, 99, 97, 95, 93, 83, 82, 81, 78, 77, 75, 74, 73, 72, 69, 67, 65, 61, 59, 57, 55, 51, 47, 43, 41, 39.

Alle historischen Luftbilder: Landesbildstelle; historische Aufnahmen allgemein: Heimatmuseum Wandsbek, Archiv Walter Klein, Archiv Hermann Hinrichsen, Landesbildstelle, Volksbank Hamburg Ost-West eG, Karstadt-Wandsbek, Nestlé Chocoladen-Werk Hamburg. Luftbilder neu: Schulze-Alex S. 85, Rückseite (Titel); Hanseatische Luftfoto GmbH S.75;

Luftbildfreigabenummern: Seit Gesetzesnovellierung zum 01.07. 1990 nicht mehr erforderlich.

Für Informationen und tatkräftige Unterstützung sei an dieser Stelle gedankt: den Wandsbeker BürgernInnen, Bekannten und Freunden, insbesondere Judith Stöhr, Frau Lanser und Frau Fischer vom Heimatmuseum Wandsbek, dem Bezirksamt Wandsbek mit Mathias Thiede Frau Jung und Frau Faber, Walter Klein, Karstadt-Wandsbek mit Herrn Kahle und Herrn Schröbler, Buchhaus Weiland mit Herrn Behrens, dem Nestlé-Chocoladen-Werk Hamburg, Betten Schwen und der Volksbank Hamburg Ost-West eG.

In dieser Reihe sind erschienen . . .

Uwe Schubert

Barmbek

Barmbek, Uhlenhorst im Wandel

in 129 alten und neuen Bildern

Uwe Schubert

Bramfeld

Bramfeld/Steilshoop im Wandel

in 106 alten und neuen Bildern